Progressive Muskelentspannung

W0272385

# Progressive Muskelentspannung

Ein Trainingsprogramm

von

Eberhardt Hofmann

Hogrefe · Verlag für Psychologie
Göttingen · Bern · Toronto · Seattle

*Dipl.-Psych. Eberhardt Hofmann*, geb. 1959. 1981-1988 Studium der Psychologie an der Eberhard-Karls-Universität Tübingen. Seit 1988 Tätigkeit in der Weiterbildung und Personalentwicklung. 1994-1995 Ausbildung zum Klinischen Hypnosetherapeuten (European Society of Hypnosis) bei Walter Bongartz. Durchführung von Kursen im Bereich der Prävention bei Krankenkassen.

Die Deutsche Bibliothek - CIP-Einheitsaufnahme

**Hofmann, Eberhardt:**
Progressive Muskelentspannung : ein Trainingsprogramm / Eberhardt Hofmann. - Göttingen ; Bern ; Toronto ; Seattle : Hogrefe, Verl. für Psychologie, 1999
(Therapeutische Praxis)
ISBN 3-8017-1156-0

© by Hogrefe-Verlag, Göttingen • Bern • Toronto • Seattle 1999
Rohnsweg 25, D-37085 Göttingen

Das Werk einschließlich aller seiner Teile ist urheberrechtlich geschützt. Jede Verwertung außerhalb der engen Grenzen des Urheberrechtsgesetzes ist ohne Zustimmung des Verlages unzulässig und strafbar. Das gilt insbesondere für Vervielfältigungen, Übersetzungen, Mikroverfilmungen und die Einspeicherung und Verarbeitung in elektronischen Systemen.

Gesamtherstellung: Dieterichsche Universitätsbuchdruckerei
W. Fr. Kaestner GmbH & Co. KG, D-37124 Rosdorf / Göttingen
Printed in Germany
Auf säurefreiem Papier gedruckt

ISBN 3-8017-1156-0

Für Alisa

# Vorwort

Das vorliegende Buch entstand aus eigenen langjährigen Erfahrungen mit der Anwendung der „Progressiven Muskelrelaxation" in der „Urform", d.h., in der reinen muskulären An- und Entspannungssystematik sowohl aus der Perspektive des selber Übenden als auch aus der des Kursleiters. Im Laufe der Zeit habe ich versucht, dieses „reine" Vorgehen der muskulären An- und Entspannung durch verschiedene zusätzliche Elemente und Vorgehensweisen aus anderen Entspannungsverfahren, insbesondere der Hypnose, (Entspannungssignal, Synchronisation mit der Atmung, Visualisierung, Verkürzungen, Transfer in Realsituationen) zu erweitern, Synergien zu nutzen und das Verfahren dadurch effizienter zu machen, damit die Kursteilnehmer den Entspannungseffekt schneller und eventuell auch intensiver erleben können. Weiterhin erfolgte mit der Zeit ein systematischer Aufbau einzelner Lernschritte mit dem Endziel, daß die Teilnehmer die Entspannungsübungen in möglichst realitätsnahen Situationen (Mittagspause, Verkehrsstau, beim Zahnarzt, ...) selbständig durchführen können. Das Trainingsprogramm hat das Ziel, die Kursteilnehmer in vierzehn Sitzungen so weit zu bringen, die Methode weitgehend zu beherrschen und selbständig in ihrem täglichen Leben außerhalb des Kurses anwenden zu können. Formal werden die verwendeten Instruktionen dabei häufig in Form hypnotischer Sprachmuster formuliert um ein möglichst großes Maß an Übereinstimmung der Instruktionen und Kommentare mit dem inneren Erleben der Teilnehmer erzielen zu können, alle Instruktionen, die diesem Ziel entgegenstehen könnten (z. B. die Verwendung vorgegebener Bilder für alle Teilnehmer, deterministische Kommentierung des inneren Erlebens der Teilnehmer, ...) wurden eliminiert beziehungsweise in nicht unmittelbar falsifizierbare Aussagen umformuliert. In die nun vorliegende Form sind die Erfahrungen aus mehrjähriger Kursleitertätigkeit und eigenem Üben mit entsprechendem Experimentieren eingeflossen.

Der theoretische Teil des Buches ist dabei sehr kurz gehalten, Zielsetzung des Buches war es nicht, eine theoretische Abhandlung zur Methode der Progressiven Relaxation vorzulegen, dazu gibt es aus meiner Sicht genügend Literatur. Das vorliegende Buch ist vielmehr als eine unmittelbar anzuwendende Vorlage für Kursleiter und Therapeuten zur konkreten praktischen Durchführung des Verfahrens gedacht. Dazu existieren zu jeder Sitzung eine Beschreibung des Vorgehens sowie die Texte, die in der jeweiligen Sitzung verwendet werden. Die Texte sind im Kurssetting als Vorlage zum Vorlesen gedacht, sie können im Einzelsetting als Vorlage zum Erstellen einer eigenen Kassette verwendet werden. Bei der vorgeschlagenen Abfolge der Übungen handelt es sich um eine erprobte und bewährte Systematik. Natürlich kann von dieser Grundsystematik abgewichen werden. Sollte die beabsichtigt sein, so sollte zumindest die Abfolge der ersten vier Lernschritte eingehalten werden.

Mein besonderer Dank gilt Herrn Walter Bongartz, für die anregende Diskussion und Hinweise zur Weiterentwicklung der Methode, Frau Sabine Gresser für die Korrektur des Manuskriptes sowie den ehemaligen Kursteilnehmern für die vielfachen Rückmeldungen aufgrund derer die Weiterentwicklung der Methode erst möglich geworden ist.

Friedrichshafen, Juli 1998

# Inhaltsverzeichnis

# 1. Beschreibung der vorgestellten Methode und Unterschiede zu anderen Verfahren

Das in diesem Buch vorgestellte Verfahren soll zunächst kurz charakterisiert und von anderen Entspannungsverfahren sowie anderen Varianten der Progressiven Muskelrelaxation abgegrenzt werden.

## 1.1 Die Methode der „Progressiven Muskelrelaxation“

Die Entspannungsmethode der „Progressiven Muskelrelaxation“ (fortschreitende Muskelentspannung), PMR, entstand in den 30er Jahren (Jacobsen, 1934). Sie wurde von dem amerikanischen Physiologen Edmund Jacobsen entwickelt, und wird daher auch vielfach „Jacobsen - Training“ genannt. Die Methode der PMR ist im angelsächsischen Sprachraum sehr verbreitet. In Deutschland wurde sie erst mit dem Aufkommen der Verhaltenstherapie in den 70er Jahren bekannt und verbreitet.

Eine Folge der Reaktion auf Streß, Angst, etc. ist neben vielen anderen physiologischen Veränderungen (Anstieg der Herzfrequenz, Beschleunigung der Atmung, Erhöhung des Blutdrucks, Senkung des elektrischen Hautwiderstandes, ...) ein reflexhafter Anstieg der Muskelspannung. Im Umkehrschluß dazu kann man durch muskuläre Entspannung dem Streßerleben entgegenwirken, dies ist der Ansatzpunkt der PMR. Jakobsen fand heraus, daß bei intensiver muskulärer Entspannung unter anderem die Atmung gleichmäßiger wird, die Herzfrequenz abnimmt, die Verdauung zunimmt, mentale und emotionale Aktivität minimiert werden etc. Die Beeinflussung der Streßreaktion durch die Veränderung der Muskelspannung hat den Vorteil, daß die Wahrnehmungsfähigkeit für den Zustand der Muskulatur sowieso relativ gut ausgeprägt ist, jeder Mensch hat ein mehr oder weniger gut entwickeltes Gefühl für den Spannungszustand seiner Muskulatur. Für andere körperliche Parameter, die sich bei Streß ändern, ist dagegen die Wahrnehmungsfähigkeit nur sehr gering oder überhaupt nicht ausgeprägt. So wird es z.B. nur schwer möglich sein, Aussagen über die Höhe des Blutdrucks oder die Höhe des elektrischen Hautwiderstandes treffen zu können.

Das Vorgehen der PMR zur Erreichung des Entspannungszustandes mutet dabei auf den ersten Blick paradox an. Man spannt verschiedene Muskelgruppen zunächst stark an. Danach läßt man die Muskulatur wieder locker und konzentriert sich auf den Übergang von der Anspannung zur Entspannung. Mit diesem Vorgehen fällt es jedoch vielen Menschen leichter, den Entspannungszustand zu erzeugen, da ja zunächst nur die reflexhafte muskuläre Anspannung verstärkt wird, die sowieso bei Anspannungen vorhanden ist. Zusätzlich wird ein Kontrasteffekt zwischen Anspannung und Entspannung erzeugt, der um so höher ist, je höher die vorhergehende Anspannung war. Die Entspannung wird dadurch - zunächst auf rein muskulärer Ebene - unmittelbar spürbar. Die Entspannung wird mit einer Art „Pendeleffekt" bewirkt: um ein Pendel in eine Richtung zu bewegen, kann man es in die gewünschte Richtung anstoßen oder zunächst in die Gegenrichtung anheben und dann loslassen. Die PMR wählt die zweite Vorgehensweise. Die Entspannung wird in einem „fliegenden Start" erzeugt.

Ziel des Trainings ist es, die Wahrnehmung für die Anspannung der Muskulatur zu schärfen, Jacobsen spricht von einer „Kultivierung der Muskelsinne". In der Regel halten wir wesentlich mehr Muskulatur angespannt, als wir notwendigerweise müßten. Sie können dies überprüfen, indem Sie sich z.B. auf einen Stuhl setzen und im ersten Schritt versuchen wahrzunehmen, welche Muskulatur im Moment in Ihrem Körper angespannt ist. Im zweiten Schritt können Sie versuchen, möglichst viele Muskelgruppen zu lockern und nur noch die Muskeln angespannt zu halten, die Sie brauchen, um nicht vom Stuhl zu fallen. Sie werden feststellen, daß dazu nur ein Bruchteil der vorher angespannten Muskulatur notwendig ist. In diesem Sinne sind wir in vielen Situationen unseres Lebens viel mehr angespannt, als wir es eigentlich sein müßten. Wir verbrauchen dann zu viel muskuläre Energie, was in Form von Anspannung spürbar wird.

## 1.2 Unterschiede zu anderen Formen der „Progressiven Muskelrelaxation"

*Systematischer Aufbau und Integration*

Das vorgestellte Verfahren stellt eine Erweiterung und eine Kombination von bewährten Methoden dar (reine Muskelentspannung: Jacobsen, 1934; Bernstein und Borcovec, 1990; Brechtel, 1977; Olschewski 1996; Atementspannung: Olschewski, 1995; Arbeit mit inneren Bildern: Lang, 1979; subtile Suggestionen: Araoz 1989; Bongartz und Bongartz 1997; Bandler und Grinder, 1990). Diese wurden in fünf verschiedenen Schritten aufeinander aufgebaut. Das vorgestellte Verfahren ist eklektisch orientiert. Die Wirksamkeit der einzelnen Komponenten und der Kombination sowie der Abfolge der Schritte wurde in verschiedenen Kursen an mehreren hundert Personen entwickelt und erprobt. Der systematische Aufbau der Übungen ist im Kapitel 2 „Trainingsaufbau" beschrieben. Die ersten Sitzungen lehnen sich an den Text von Echelmaier und Zimmer (1977) an.

*Konditionierungen*

Die Entspannungsphase wird klassisch an verschiedene Signale konditioniert. Dadurch wird der Einsatz der Entspannung in Alltagssituationen, in denen keine reale An- und Entspannung mehr erfolgt, vorbereitet. Die konditionierten Auslöser werden somit zum Signal für die Entspannungsreaktion (Russel und Sipich, 1973). In den Texten erfolgt die Konditionierung dadurch, daß immer auf das Wort „jetzt" angespannt wird, auf das Wort „nun" entspannt wird. Weitere Konditionierungen erfolgen auf das individuelle Entspannungssignal (zweiter Lernschritt) und auf das Ausatmen (dritter Lernschritt). Die in den Texten angewandte Konditionierung der Entspannung an das Wort „nun" kann auch für das individuelle Entspannungssignal genutzt werden, indem der Übende das Wort „nun" als individuelles Entspannungssignal benutzt. Diese Konditionierungen dienen später als Vehikel, um die Entspannung mit immer weniger realer muskulärer An- und Entspannung zu erzeugen. In den ersten Sitzungen wird somit die Saat ausgebracht, die in den späteren Sitzungen geerntet werden kann. Die Konditionierung der Anspannung auf das Wort „jetzt" wird in der Rücknahmeinstruktion genutzt, indem dort sämtliche Instruktionen das Wort „jetzt" enthalten

*Verzicht auf die Kommentierung von Schwere*

Nach meiner Erfahrung empfinden ca. 10 - 15% aller Personen unter Entspannung keine Schwere, sondern Leichtigkeit. Würde Entspannung mit Schwere kommentiert (wie beim Autogenen Training), so würde dies bei den erwähnten 10 - 15% dazu führen, daß die Instruktionen des Kursleiters im Widerspruch zum Erleben der Teilnehmer stehen würden.

*Verzicht auf die Anspannung der Bauchdecke*

Das Anspannen der Bauchdecke durch das Anheben der Beine wird in einigen Verfahren der PMR praktiziert. Aufgrund krankengymnastischer Überlegungen sowie den auffällig häufigen negativen Rückmeldungen von Teilnehmern zu dieser Übung, wird diese Übung weggelassen.

*Erinnerung an die Entspannung*

Ab der fünften Sitzung erfolgt die Aufforderung, sich an die zurückliegenden Entspannungssitzungen zu erinnern. Die Formulierung hierfür lautet:

*„Nun kann es interessant sein, sich an die vorausgegangenen Entspannungssitzungen zu erinnern und sich dabei ins Gedächtnis zu rufen:*

- *wo Sie die Entspannung am deutlichsten wahrgenommen haben,*
*(.............................................)*
- *wie sich die Entspannung dabei anfühlt,*
*(.............................................)*
- *wie es sich anfühlen würde, wenn dieses Entspannungsgefühl jetzt wieder da sein kann.*
*(........................................).“*

Diese Erinnerungsphase gestattet es dem Übenden, sich seine speziellen subjektiv bedeutsamen Empfindungen bei der Entspannung zu vergegenwärtigen. Durch diese kognitive Aktivitiät erfolgt zusätzlich eine Bindung und Focussierung der Gedanken in Richtung Entspannung. Zusätzlich kann dabei evtl. bereits eine Veränderung der zeitlichen Orientierung und Fraktionierungseffekte (Kossak, 1993) auftreten.

*Spezielle sprachliche Muster*

Es wurden solche Formulierungen gewählt, die es dem Übenden erleichtern, das Gesagte aufzunehmen. Der Kursleiter hat die ja fast hellseherische Aufgabe, die Empfindungen und körperlichen Reaktionen der Übenden zu kommentieren und die Wahrnehmung der Übenden auf diese zu lenken, obwohl er erstens nicht sicher sein kann, was genau der Übende empfindet und zweitens im Gruppensetting bei unterschiedlichen Personen sehr unterschiedliche körperliche Reaktionen und Empfindungen auftreten können. Durch die Wahl entsprechender Formulierungen kann diese Aufgabe gelöst werden (Araoz, 1989, Bongartz und Bongartz, 1998).

*Übereinstimmung mit der Erfahrungswelt des Übenden hat Priorität*

Um mit den Aussagen und Beschreibungen des Kursleiters nicht in Widerspruch zu dem Erleben des Übenden zu geraten - was den Rapport stören könnte - wurden Formulierungen gewählt, die keine unmittelbar falsifizierbaren Aussagen über das Erleben des Übenden enthalten. Dies geschieht hauptsächlich durch den Gebrauch der Modalform.

*Grammatisch zweideutige Formulierungen „s(S)ie“ und „i(I)hnen“*

Diese grammatisch doppeldeutige Formulierung tritt immer im Anschluß an eine Pluralbildung auf. Sie läßt dabei offen, ob mit der Beschreibung die Elemente des Plurals („sie“) oder die angesprochene Person („Sie“) gemeint ist. Bei der Formulierung „die Arme und Hände können sich immer mehr entspannen, bis s(S)ie ganz locker sind“, kann sich das „sie“ auf die Arme und Hände beziehen oder auf die ganze Person „Sie“.

*Abgeschwächte direkte Suggestionen*

Am Schluß der jeweiligen Sitzung erfolgt eine sogenannte abgeschwächte direkte Suggestion (Bongartz und Bongartz, 1998). Dabei handelt es sich um eine spezielle Form der indirekten Suggestion. Sie lautet:

| |
|---|
| *Manchen Menschen kann dieses Gefühl der Entspannung wie eine Garantie sein, die i(I)hnen sagt: „s(S)ie sind vollkommen entspannt und gelassen, s(S)ie fühlen sich wohl und tanken in diesem Zustand der Entspannung neue Energien auf."* |

Bei Bedarf kann diese Suggestion modifiziert und weiter fortgesetzt werden. Wichtig dabei ist es, daß sie nicht die Form einer plumpen Behauptung enthält, die sehr schnell vom Übenden falsifiziert werden kann. Die Struktur dieser abgeschwächten direkten Suggestionen nach Bongartz und Bongartz, (1998) lautet:
Die (Entspannung, Ruhe, Gelöstheit, ...), die Sie jetzt empfinden, kann wie eine (Garantie, Basis, Versprechen, Fundament, ...), die Ihnen sagt: (entsprechende spezielle Suggestion).

*Sensorische Konfusion*

Die Wahrnehmung wird immer wieder von der Muskulatur weggelenkt, mit der gerade gearbeitet wird. Sie wird auf die Atmung und auf andere Muskelgruppen gelenkt, dadurch kann es zu den Effekten der Informationsüberlastung und der sensorischen Konfusion kommen, die die Aufnahmewahrscheinlichkeit der indirekten Suggestionen erhöhen können.

*Pacing*

Ein Pacing (Grinder und Bandler, 1984) erfolgt durch das Ansprechen der Atmung. Die typische Formulierung lautet: *„beim Einatmen wölbt sich die Bauchdecke nach außen, beim Ausatmen fällt sie nach innen ein“*. Zusätzlich zum Pacing enthält diese Formulierung auch die o. g. Effekte der Aufmerksamkeitslenkung und der sensorischen Konfusion.

## 1.3 Unterschiede zum Autogenen Training (AT)

Das vorgestellte Verfahren ist in der Regel schneller und leichter zu erlernen als das Autogene Training (z. B. Krampen, 1991). Es erfolgt zunächst eine Wahrnehmungslenkung auf real existierende und meßbare, durch den Übenden selbst produzierte Entspannung der Muskelgruppen. Dieser schneller bemerkbare Entspannungseffekt macht es einerseits vielen Menschen leichter, diese Entspannungsmethode zu erlernen, andererseits ist die Motivation durch einen quasi sofort erfahrbaren Entspannungseffekt oft höher als beim Autogenen Training, bei dem die Effekte meist erst relativ spät eintreten. Bei dem vorgestellten Verfahren werden ebenfalls, wie beim AT, Suggestionen gegeben. Diese erfolgen aber eher indirekt und beiläufig. Hauptsächlich werden klare und eindeutig nachvollziehbare Übungsanweisungen - etwa einem sportlichen Training vergleichbar - gegeben. Dies reduziert die weit verbreitete Angst vor einem Kontrollverlust.

## 1.4 Unterschiede zur Meditation

Das Verfahren hat primär ausschließlich somatische Entspannung und subjektives Wohlbefinden zum Ziel. Es ist somit frei von jeglichem philosophischen Ballast. Selbstfindung, Sinnfindung, Bewußtseinserweiterung etc. spielen bei diesem Verfahren keine Rolle. Natürlich können - insbesondere in den späteren Sitzungen - meditative Effekte auftreten, diese sind aber eher „Nebenprodukte", es ist nicht das Ziel, diese explizit zu erreichen.

# 2. Trainingsaufbau

Bei dem vorgestellten Verfahren handelt es sich um ein Training, d.h., es folgt einer speziellen Systematik und der Effekt hängt von der Häufigkeit des Übens ab, ganz analog einem sportlichen Training. Die Systematik dieses Trainings aus 14 Sitzungen (möglichst begleitet von individuellem täglichen Üben) wird in diesem Kapitel beschrieben. Das Training besteht aus sechs wesentlichen, aufeinander aufgebauten Schritten. Jeweils zwei Sitzungen sind von der Lernschrittabfolge her identisch. Dies ist einerseits für das Einüben notwendig, andererseits wird der Erfolg auch für Teilnehmer sichergestellt, die einmal gefehlt haben. Jeder Schritt sollte vom Kursleiter in der Vorbereitungsphase demonstriert werden (am besten mit der rechten Hand) und von den Teilnehmern am Beispiel der rechten Hand nachvollzogen werden. Generell liegt der Schwerpunkt der Übungen am Anfang auf der realen muskulären An- und Entspannung. Im weiteren Verlauf des Trainings nimmt der Anteil der realen muskulären An- und Entspannung immer mehr ab, der Anteil der Atemübungen und der Vorstellungen nimmt immer mehr zu. Ziel des Trainings ist es, zum Schluß den Entspannungszustand nur noch durch die Konzentration auf die Muskulatur, das Entspannungssignal, die Atmung und die Entspannungsszene herbeizuführen. Entspannungssignal und Atmung haben die Funktion eines Vehikels, das die früher dazugehörende reale muskuläre Entspannung in die Sitzungen transportiert, in denen nur noch gering oder gar nicht mehr muskulär angespannt wird. In den beiden letzten Sitzungen wird es geübt, die bis dahin erlernten Techniken so einzusetzen, daß sie auch in realen alltäglichen Situationen eingesetzt werden können. Das Ziel sollte sein, die Entspannung auch außerhalb eines formalen Übungsrahmens im eigenen ökologischen Umfeld herstellen zu können und so möglichst viele Entspannungssequenzen im eigenen Leben installieren zu können.

## 2.1 Erster Schritt: Muskuläre An- und Entspannung

Der erste Schritt besteht in der reinen muskulären Anspannung und Entspannung. Ziel ist es dabei, mit dem Verfahren vertraut zu werden, die Wahrnehmung für muskuläre An- und Entspannung zu sensibilisieren und mögliche Schwierigkeiten bei der Trainingsdurchführung zu beseitigen. Eine typische Formulierung lautet:

*„Spannen Sie jetzt die rechte Hand an ..... und lassen Sie nun wieder los.“*

Die Reihenfolge der Muskelgruppen, die angespannt und entspannt werden, ist bei allen Übungen der Langform gleich. Nacheinander werden folgende Muskelgruppen an- und entspannt:

*Abfolge der Muskelgruppen bei den Übungen der Langform:*

* rechte Hand
* linke Hand
* Arme und Hände
* Schultern
* Füße
* Beine
* Rücken
* Hals
* Gesicht
* Augen

Für diesen ersten Schritt sind die ersten zwei Sitzungen vorgesehen.

## 2.2 Zweiter Schritt: Muskuläre An - und Entspannung - Entspannung auf ein Entspannungssignal

Im zweiten Schritt erfolgt die Entspannung auf ein Entspannungssignal hin. Dieses Entspannungssignal kann auch während der gesamten Entspannungsphase benutzt werden. Dieses Vorgehen ist analog der „cue controlled relaxation“ von Russel und Sipich, (1973). Die Wirkung des Entspannungssignals kann mit einer Analogie erklärt werden. Für die meisten Menschen ist ein Zahnarztbesuch eine unangenehme Sache. Das unangenehme Gefühl kann durch Dinge ausgelöst werden, die eigentlich keine aversiven Qualitäten besitzen. So kann bereits der Geruch beim Betreten der Praxis oder das Hören des Bohrergeräusches das unangenehme Gefühl verursachen. Der Geruch oder das Bohrergeräusch können das unangenehme Gefühl deshalb auslösen, weil sie in der Regel in raumzeitlichem Zusammenhang mit dem tatsächlichen Schmerz stehen. Der gleiche Effekt - diesmal jedoch in nützlicher Art und Weise genutzt - wird durch den Gebrauch des Entspannungssignals ausgelöst. Durch die raumzeitliche Koppelung des Signals mit dem Gefühl der muskulären Entspannung wird nach einiger Zeit das ursprünglich neutrale Entspannungssignal zum Auslöser körperlicher Entspannung. Diese raumzeitliche Koppelung erfolgt um so besser, je häufiger körperliche Entspannung und Entspannungssignal zusammen kombiniert werden und je höher die emotionale Beteiligung bei diesem Lernprozeß ist. Im Falle des Zahnarztbohrers ist die emotionale Beteiligung durch die Angst gegeben, beim Entspannungstraining durch die positive Emotion der Entspannung und Ruhe.

Als Entspannungssignal dient in der Regel ein Wort. Dieses Wort sollte entweder positiv besetzt sein (z. B. „Urlaub", „Ruhe", ...) oder zumindest neutral besetzt sein. Ungeeignet wäre ein Signal, das mit Vorstellungen von Anspannung assoziiert ist (wie z. B. „Hektik", „Lärm", ...). Das Entspannungssignal kann auch ein Kunstwort sein. Günstig ist es, wenn das Wort „dunkle" Vokale enthält, („o", „u"). Falls die Teilnehmer ein Entspannungssignal aus einem anderen Entspannungsverfahren haben, ist es natürlich günstig, dieses auch hier zu benutzen und schon vorhandene Konditionierungen zu nutzen. Das Entspannungssignal kann auch eine bildhafte Vorstellung sein, die mit Entspannung assoziiert sind wie z.B. eine Bergwiese, ein Strand oder ein Wald. Eine dritte Möglichkeit, ein Entspannungssignal zu benutzen, ist es, ungewöhnliche Körperhaltungen zu erzeugen. Dies kann z.B. das Drücken des Mittelfingers gegen den Zeigefinger sein. Das Ziel der Benutzung eines Entspannungssignals ist es, die Entspannungsphase jeweils an das Entspannungssignal zu koppeln und so die Entspannungsreaktion an das Signal zu konditionieren (raumzeitliche Kontingenz). Die Einführung eines Entspannungssignal hat zunächst keine entspannungsfördernde Wirkung. Der Effekt der Konditionierung wird in späteren Sitzungen genutzt und die Konditionierung muß erst genügend viele Durchgänge erreicht haben, bevor sie genutzt werden kann. Die Früchte dieser Konditionierung werden im späteren Kursverlauf geerntet.

Ziel der Koppelung der muskulären Entspannung an ein Entspannungssignal ist es, die Grundlage dafür zu schaffen, daß in den späteren Sitzungen die reale muskuläre Entspannung immer weiter reduziert wird und die Entspannung immer mehr durch Vergegenwärtigung und Konzentration sowie Atmung erzeugt wird. Mit der Einführung des Entspannungssignals und später der zusätzlichen Koppelung der muskulären Entspannung an die Atmung wird der Weg dafür bereitet, daß in späteren Sitzungen keine muskuläre Aktivität mehr nötig ist. Sofort wirksam ist dagegen die Bindung der Aufmerksamkeit, da es eine gewisse Konzentration erfordert, die Entspannungsphase mit dem Entspannungssignal zu kombinieren. Die typische Formulierung lautet:

*„Spannen Sie jetzt die rechte Hand an.... geben Sie sich Ihr Entspannungssignal und lassen Sie nun wieder los".*

Für die Einführung dieses Schrittes ist die dritte und vierte Sitzung vorgesehen.

## 2.3 Dritter Schritt: Muskuläre An- und Entspannung - Entspannung auf ein Entspannungssignal und Synchronisation mit der Atmung

Im dritten Schritt wird die Entspannungsphase mit dem Entspannungssignal und der Atmung synchronisiert. Jeweils beim Anspannen wird eingeatmet, beim Entspannen wird ausgeatmet. Hierbei wird der Effekt nutzbar gemacht, daß dem Körper beim Einatmen Sauerstoff und somit Energie zugeführt wird, beim Ausatmen sinkt die Aktivierung auf „natürliche" Art und Weise. Dieser Effekt kann z. B. mit einem PGR - Biofeedbackgerät eindrücklich demonstriert werden. Eine freiwillige"Versuchsperson" wird an das PGR - Gerät angeschlossen und erhält die Instruktion, tief einzuatmen, dann kurz die Luft anzuhalten, danach tief auszuatmen und wieder kurz die Luft anzuhalten. Die anderen Teilnehmer beobachten die Kovariation der Atmung mit der PGR - Rückmeldung. Die mittels PGR gemessene An- bzw. Entspannung kovariiert sehr deutlich mit den Atemphasen. Die Atmung wird einerseits autonom (also ohne willentlichen Einfluß) gesteuert, andererseits ist sie bis zu einem gewissen Grad durch die Muskulatur willentlich beeinflußbar. Durch diesen Umstand ist es durch die Veränderung der Atmung möglich, vegetative Prozesse zu verändern. Dies wird dadurch realisiert, daß die Ausatemphase bewußt verlängert wird, zusätzlich wird das Entspannungssignal an die Ausatemphase konditioniert. Die Koppelung mit der Atmung stellt eine weitere Konditionierung der Entspannungsreaktion dar. Wie bereits beim Entspannungssignal dient die Koppelung dazu, bei den später folgenden Verkürzungen immer mehr als Auslöser der Entspannungsreaktion zu wirken, und dabei immer weniger real anzuspannen. Wie das Entspannungssignal ist die Atmung ein Vehikel zum Auslösen der Entspannung. Zusätzlich erfolgt eine weitere Bindung der Aufmerksamkeit, Effekte der sensorischen Konfusion können auftreten. Die Veränderung der Atmung hat nach meiner Erfahrung den stärksten Effekt auf die Entspannung, dies wurde auch bei Köhler (1982) beschrieben. Die typische Formulierung für diesen Schritt lautet:

*„Spannen Sie jetzt die rechte Hand an... jetzt tief einatmen, die Spannung spüren, auf das eigene Signal nun wieder loslassen und dabei wieder tief ausatmen".*

Zur Einführung dieses Schrittes ist die fünfte und sechste Sitzung vorgesehen. Ab der fünften Sitzung wird die Aufforderung eingeführt, sich an die früheren Entspannungssitzungen und die dazugehörigen Entspannungseffekte zu erinnern. In der Regel haben die Teilnehmer zu diesem Zeitpunkt bereits deutliche Entspannungseffekte erlebt und können diese relativ deutlich erinnern. Mit diesem Übungsteil werden auch die späteren verkürzten Formen der Entspannung vorbereitet, die dann in einer rein konzentrativ - imaginativen Übung gipfeln.

## 2.4 Vierter Schritt: Visualisierung im Anschluß an die muskuläre An- und Entspannung mit Entspannungssignal und synchronisierter Atmung

Als vierter Schritt erfolgt nach der Entspannung, die an das Entspannungssignal und die Atmung gekoppelt ist, die Visualisierung einer selbst erlebten oder vorgestellten entspannenden Szene. Diese Visualisierung geht im Anschluß an eine Entspannung wesentlich einfacher und intensiver. Gleichzeitig wird ein großer Teil der Aufmerksamkeit weiter gebunden und auf entspannende Inhalte gelenkt. Es erfolgt dabei keine Visualisierung vorgegebener Inhalte. Der Inhalt der Visualisierung wird individuell von jeder Person festgelegt. Die Visualisierung wird dabei mittels submodaler Kriterien inhaltsfrei abgefragt. Die Aufmerksamkeit wird dabei stark auf die Visualisierung focussiert, die erinnerte Szene erscheint meist sehr plastisch. Der Verzicht auf Standardbilder erklärt sich dadurch, daß es sein kann, daß gewisse suggerierte Vorstellungsbilder nicht für alle Teilnehmer positiv geprägt sind. Eine Bergszene kann für viele Teilnehmer entspannend sein, für manche aber auch z. B. unangenehme Erinnerungen an einen verregneten Urlaub oder gar Angst vor Höhen wecken. Es wird kaum möglich sein, mit Vorstellungen zu arbeiten, die für alle Teilnehmer positiv wirken. Zudem wirken subjektiv bedeutsame Szenen eher entspannend als Standardbilder. Durch die submodale inhaltsfreie Abfrage (Bandler und Mac Donald, 1991) wird die kognitive Beteiligung der Teilnehmer erhöht. Die submodale Abfrage hat den zusätzlichen Vorteil, daß der Inhalt der jeweiligen Vorstellung weder dem Kursleiter noch den anderen Gruppenmitglieder bekannt ist, es können also auch sehr private (und daher sehr effektive) Vorstellungen genutzt werden. In der Gruppe sollte auf diese „Anonymität" der Vorstellungen hingewiesen werden. Eine typische Formulierung der submodalen Abfrage der Visualisierung lautet:

*„Ist das Bild eher hell oder eher dunkel?"*

Die Teilnehmer beantworten innerlich die Abfrage, indem Sie sich für eine der vorgeschlagenen Alternativen entscheiden. Eingeleitet wird diese Visualisierung durch folgende Anleitung zur Dissoziation:

*„Während die Gedanken kommen und gehen, können Sie sich entspannen und in Gedanken entfernen, s(S)ie können hier sein und in Gedanken einen Schritt zurücktreten. Und noch einen Schritt. Weitere Schritte, so daß der Abstand zunimmt. Sie können sich sogar in Gedanken umdrehen und diesen Raum verlassen. Sie können sich in Gedanken an einen anderen Ort begeben. An einen Ort, an dem Sie sich wohl fühlen."*

*Die komplette Abfrage der Ruheszene lautet:*

| |
|---|
| Rufen Sie sich diesen Ort in Erinnerung und betrachten Sie dieses Bild.<br>Manche Menschen können sich die Szene so vorstellen, als wäre sie Wirklichkeit.<br>Es ist i(I)hnen möglich, alles ganz genau zu betrachten.<br><br>Ist das Bild farbig oder schwarz - weiß?<br>Welche Tageszeit ist gerade?<br>Ist es eher hell oder eher dunkel?<br>Aus welcher Richtung kommt das Licht?<br>Welche Details befinden sich im Vordergrund?<br>Welche Details befinden sich im Hintergrund?<br>Gibt es andere Personen in der Szene?<br>Wie groß ist das Bild?<br>Ist die Oberfläche glatt oder rauh?<br>Ist das Bild flach oder dreidimensional?<br>Sind die Kontraste scharf oder weniger scharf?<br>Sind die Farben intensiv oder pastellartig?<br>Welches ist die vorherrschende Farbe?<br>Woher kommen die Geräusche in der Szene?<br>Sind die Töne eher hoch oder eher tief?<br>Sind sie monoton oder melodisch?<br>Sind sie dumpf oder hell?<br>Gibt es Stimmen in der Szene?<br>Fühlt sich der Körper in der Szene warm oder kalt an?<br>Ist der Körper entspannt oder angespannt?<br>Gibt es Bewegungen?<br>Wenn ja: Sind die Bewegungen eher gleichförmig oder eher abrupt?<br>Wie fühlt sich der Kopf an?<br>Wie fühlt sich der Bauch an?<br>Wie fühlt sich die Kleidung auf dem Körper an?<br>Falls es Gerüche gibt:<br>Sind die Gerüche in der Szene eher stark?<br>Sind die Gerüche eher angenehm oder eher unangenehm? |

Gelegentlich kommt es vor, daß die Ruheszene, wenn sie nach vorhergegangener Entspannung imaginiert wird, nicht die positive emotionale Qualität besitzt, die die Teilnehmer vermutet haben. Im Extremfall kann es sogar sein, daß die vermeintlich entspannende Szene aversive Qualität erhält. Die emotionale Qualität von Erinnerungen im Wachbewußtsein kann sich deutlich von deren emotionalen Qualität in veränderten Bewußtseinszuständen (wie z. B. Entspannung) unterscheiden. Sollte dies der Fall sein (nach meinen Erfahrungen bei ca. 10% der Teilnehmer), sollte auf diesen bekannten Effekt hingewiesen werden und in der nächsten Sitzung eine neue Ruheszene ausprobiert werden.

Eine weitere Möglichkeit, mit Vorstellungen zu arbeiten, besteht darin, daß sich die Teilnehmer Farben in einer gewissen Abfolge vorstellen. Man macht sich dabei den Effekt der Synästhesie zunutze. Unsere Wahrnehmung funktioniert so, daß sie zu den objektiv vorhandenen Attributen eines Sinnesreizes, weitere Attribute quasi „hinzuhalluziniert". In der Gegenwart eines Wahrnehmungsreizes werden automatisch andere Attribute des Reizes wahrgenommen, die in Wirklichkeit physisch gar nicht vorhanden sind. Den Kursteilnehmern kann der Mechanismus der Synästhesie und die Wirkung der Farbvorstellungen mit folgender Analogie verdeutlicht werden:
Eine der beiden unten abgebildeten Figuren heißt „Takate", die andere „Malumu". Legen Sie für sich selber - rein gefühlsmäßig - fest, welcher Name zu welcher Figur paßt.

In der Regel wird der eckigen Figur der Name „Takate" zugeordnet, der runden Figur der Name „Malumu". In dem vorgestellten Verfahren wird die Synästhesie von Farbwahrnehmung und Wahrnehmung von Anspannung genutzt. In der Regel werden gewissen Farben gewisse Entspannungsgrade zugeordnet. Die meisten Menschen sprechen der Farbe „Gelb" den geringsten Entspannungsgrad zu, der Farbe „Lila" die höchste Synästhesie mit Entspannung. In der Vorstellungsübung, die alternativ zu der Ruheszene verwendet werden kann, stellen sich die Teilnehmer die verschiedenen Farben vor, indem sie sich in der Vorstellung in verschieden farbige Räume begeben. Eingeleitet wird diese Visualisierung wieder mittels der Anleitung zur Dissoziation:

*„Während die Gedanken kommen und gehen, können Sie sich entspannen und in Gedanken entfernen, s(S)ie können hier sein und in Gedanken einen Schritt zurücktreten. Und noch einen Schritt. Weitere Schritte, so daß der Abstand zunimmt. Sie können sich sogar in Gedanken umdrehen und diesen Raum verlassen. Sie können sich in Gedanken zum Beispiel in andere Räume begeben."*

*Die vollständige Form der Farbenabfolge lautet:*

*Rot:*
Wir können mit der Vorstellung beginnen, ein rotes Zimmer zu betreten, in dem alles mit roter Farbe ausgestattet ist. Die Wände rot, der Boden und die Decke rot, die Möbel rot. Alles in diesem Zimmer kann eine rote Farbe haben.
Manchen Menschen hilft dabei die Vorstellung, diesen Raum durch einen Filter zu sehen, s(S)ie können alles wie durch einen roten Filter betrachten.

*Orange:*
Von dem roten Raum kann man in der Vorstellung durch eine Tür in einen orangen Raum gehen, in einen Raum, in dem alles orange ist.
Die Wände orange, der Boden orange, die Decke orange, die Gegenstände orange, alles in diesem Raum orange.
Man kann sich in diesem orangen Raum umsehen.
*Gelb:*
Die Tür zum nächsten Raum kann sich öffnen. Dieser Raum kann ganz in gelber Farbe ausgestattet sein, vielleicht in einem leuchtenden Gelb, gelb wie die Sonne.
Die Decke gelb, die Wände gelb, der Boden gelb, die Einrichtung darin gelb, auch eine gelbe Tür, die in den nächsten Raum führt.
*Grün:*
Der nächste Raum ist ganz in grün gehalten. Alle Gegenstände hierin können grün sein. Auch die Wände grün, der Boden grün, die Decke grün und alle Gegenstände in diesem Raum grün. Die meisten Menschen können sich die grüne Farbe gut vorstellen, s(S)ie können sich die grüne Farbe deutlich vorstellen.
*Blau:*
Durch eine grüne Tür geht es von dem grünen Zimmer in ein Zimmer, das ganz in blau gestrichen ist, alles in diesem Zimmer kann blau gestrichen sein. Vielleicht so blau wie das Meer oder ein wolkenloser Himmel. Die Gegenstände blau, die Wände blau, der Boden blau und die Decke blau. Alles in diesem Raum kann eine blaue Farbe haben.
Und ist es nicht so, daß die blauen Farben entspannend wirken können? s(S)ie können zunehmend Entspannung verbreiten.
*Lila:*
Durch eine blaue Tür geht es in der Vorstellung nun in einen lila Raum. Die Wände in diesem Raum sind ganz lila, die Decke ist lila, der Boden ist ganz lila. Ich weiß nicht, ob und wenn welche Gegenstände in dem Raum sind, aber alle Gegenstände darin können lila sein, genau wie die Wände lila sind, der Boden lila ist und die Decke lila ist.
In diesem lila- farbenen Raum kann man sich umsehen und dabei die Ruhe spüren.

*Hinweis:*
Die Synästhesie von Farb- und Entspannungsempfindung ist nicht exakt für jeden Menschen gleich. Die oben beschriebene Abfolge stellt jedoch eine sehr große Schnittmenge dar. Sollte auch die Reihung nicht zu 100% identisch mit dem Empfinden der Person sein, so bindet diese Übung auf jeden Fall sehr viele der sonst unter Umständen als störend empfundenen Gedanken. Bei diesen Imaginationsübungen wird immer wieder gefragt, wie genau und plastisch die Vorstellung sein muß. Meist steht dahinter die Befürchtung, daß die eigenen Imaginationen nicht deutlich genug sind. Fordern Sie die Teilnehmer auf, sich zu überlegen, wieviele Türen es in ihrer Wohnung gibt. Die Genauigkeit, mit der sich die Teilnehmer ihre Wohnung vorstellen, reicht vollkommen aus, um die erstrebten Effekte zu erzielen. Im Kurs kann entweder das submodale Bild oder die Farbenabfolge verwendet

werden, für manche Kursteilnehmer wird das submodale Bild, für andere die Farbenabfolge eher entspannend wirken. Innerhalb einer Sitzung sollte jedoch nur eine Version verwendet werden. Die Einführung dieses Schrittes erfolgt in der siebten und achten Sitzung.

## 2.5 Fünfter Schritt: Verkürzungen und Übungen im Sitzen

In diesem Schritt erfolgen Verkürzungen der Übungen. Die Übungen können im Sitzen erfolgen, Störungen (Geräusche) können systematisch eingebaut werden. Es erfolgt der Schritt zum Entspannen ohne vorherige Anspannung - jetzt durch das Entspannungssignal und die Koppelung an die Atmung vermittelt. Dies ist das eigentliche Ziel. Jetzt werden die Früchte des Übens und der Konditionierungen (Entspannungssignal und Atmung) geerntet. Dieser Schritt erfolgt in der neunten bis zwölften Sitzung und kann in weiteren Sitzungen trainiert werden. Zur Verkürzung stehen folgende Übungen zur Verfügung:

*Text: Kurzform mit Entspannungssignal, Atmung und Visualisierung Liegend*
Dabei handelt es sich um eine ca. halb so lange Form wie die „Langform Liegend“ - Version, bei der verschiedene Muskelgruppen aus der Langform zusammengefaßt sind.

*Text: Kurzform mit Entspannungssignal, Atmung und Visualisierung Sitzend*
In dieser Form werden die Übungen im Sitzen durchgeführt, dazu müssen einzelne Übungen geringfügig abgewandelt werden. Im Anschluß an die muskuläre An- und Entspannung erfolgt die Atementspannung und die Visualisierung.

*Text: Reale An- und Entspannung - Erinnerung an die An- und Entspannung Sitzend*
Bei dieser Übungsform werden Muskelgruppen im ersten Durchgang wie gewohnt angespannt und entspannt. In einem zweiten Durchgang erinnern sich die Kursteilnehmer nur noch an die vorangegangene Anspannung, es erfolgt keine reale Muskelanspannung mehr. Während in der Vorstellung der Übergang von der Anspannung zur Entspannung erfolgt, wird das Entspannungssignal eingesetzt und die Atmung mit der Vorstellung des Loslassens synchronisiert. Mit dieser Übungsform erfolgt der Übergang zur reinen Vorstellung der Entspannung. Entspannungssignal und Atmung dienen dabei als „Transportmittel“ der realen Entspannung zur vorgestellten Entspannung.

*Text: Muskuläre Minimalform mit Entspannungssignal, Atementspannung und Visualisierung*
Die muskuläre An- und Entspannung wird weiter verkürzt, die Atementspannung dagegen ausgedehnt. Im Anschluß daran erfolgt die Visualisierung.

*Text: Muskulärer Einstieg mit Entspannungssignal, Atementspannung und Visualisierung Sitzend*
Bei dieser Übungsform handelt es sich um eine sehr stark verkürzte Form der muskulären Anspannung (ca. 5 Minuten), dabei werden noch mehr Muskelgruppen zusammengefaßt. Diese Übung erfolgt im Sitzen und ist in vielen Realsituationen (z. B. am Schreibtisch in der Mittagspause oder kurz vor einer Prüfung) leicht durchführbar. Im Anschluß an die muskuläre Entspannung erfolgt eine Atementspannung und die Visualisierung.

*Text: Konzentrative Entspannung*
In dieser Übungsform erfolgt kein reales Anspannen der Muskulatur mehr, die einzelnen Muskelgruppen werden nur noch mental durchgegangen und willentlich entspannt. Die Entspannung erfolgt dabei nicht mehr als Reaktion auf die vorhergegangene Anspannung, sondern nur noch durch die Konzentration auf einzelne Muskelgruppen. Diese Übungsform setzt schon eine gewisse „Kultivierung der Muskelsinne" voraus und kann daher erst im letzten Stadium des Kurses durchgeführt werden. Durch die Verwendung mehrerer kurzer Übungen kann es zu Fraktionierungseffekten kommen, die die Entspannung noch mehr verstärken.

## 2.6 Sechster Schritt: Übertragung in alltägliche Situationen

Im sechsten und letzten Schritt wird anhand von Rollenspielen aus dem Alltag der Kursteilnehmer demonstriert, wie sich Entspannungssequenzen in das alltägliche Leben integrieren lassen. Zum Beispiel kann man das Verfahren als Entspannung in der Mittagspause am Arbeitsplatz einsetzen, bei einem Verkehrsstau im Auto oder in emotional belastenden Situationen wie z.B. im Zahnarztstuhl oder bei einer ärztlichen Behandlung. Dazu wird in der dreizehnten Kursstunde eine in der jeweiligen Situation anwendbare Variante der muskulären An- und Entspannung individuell erarbeitet und mit Entspannungswort, Atmung und Visualisierung kombiniert. Die Kursteilnehmer versuchen, zwischen der dreizehnten und der vierzehnten Sitzung, die Entspannung in den für sie relevanten Realsituationen einzusetzen. Eventuell dabei auftretende Schwierigkeiten und eventuell notwendige Modifikationen werden in der vierzehnten Sitzung besprochen. In der vierzehnten Sitzung erfolgt zusätzlich eine Diskussion über allgemeine Prinzipien des Verhaltenslernen, um den Transfer in die das eigene Umfeld außerhalb des Kurses zu unterstützen.

# Die 6 Lernschritte

1. Muskuläre An- und Entspannung, Liegend

2. Muskuläre An- und Entspannung mit Entspannungssignal, Liegend

3. Muskuläre An- und Entspannung mit Entspannungssignal und Atmung, Liegend

4. Muskuläre An- und Entspannung mit Entspannungssignal und Atmung, Liegend

   Visualisierung

5. Verkürzungen, Liegend und Sitzend

6. Anwendung der Kurzentspannung in alltäglichen Realsituationen

# Verschachtelung der Schritte

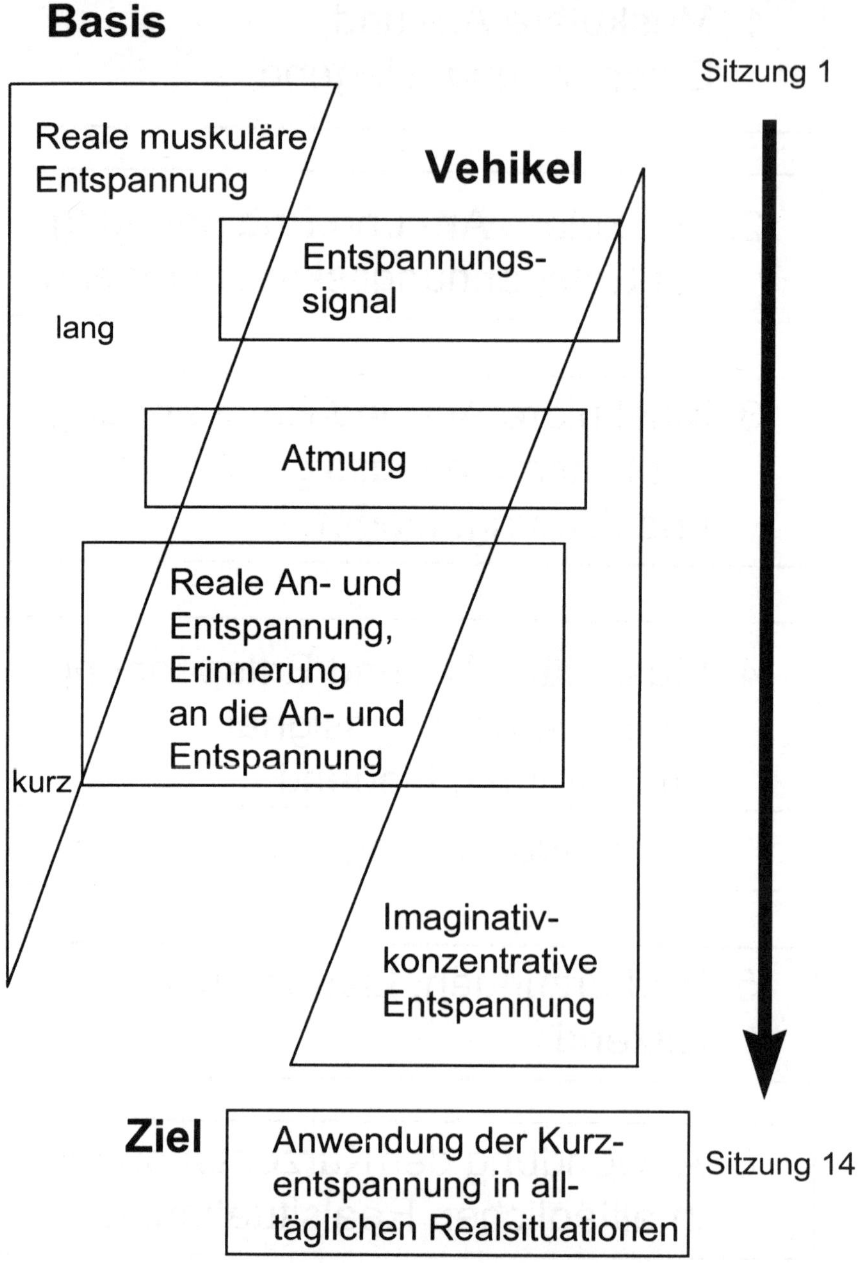

# 3. Hinweise zur Durchführung

Nachfolgend sind einige praktische Hinweise aufgeführt, die bei der Durchführung der Übungen hilfreich sind. Diejenigen Hinweise, die für die Teilnehmer wichtig sind, sollten in der ersten Stunde des Kurses mit den Teilnehmern besprochen werden. Am Anfang jeder Sitzung sollten die wichtigsten Punkte noch einmal kurz angesprochen werden.

*Rahmenbedingungen*

Um die Erfahrungen der Teilnehmer angemessen besprechen zu können, ist eine Teilnehmerzahl von max. 14 Teilnehmern sinnvoll. Der Raum muß so groß sein, daß alle Teilnehmer genügend Platz haben, um sich auch in liegender Position etwas bewegen zu können. Ideal wären zwei Sitzungen pro Woche. Wird der Kurs im nichtklinischen Bereich durchgeführt, so ist dies organisatorisch jedoch kaum möglich. In diesem Setting ist dann eine Sitzung pro Woche wohl realistischer.

*Training oder 14 mal Entspannung*

Es gibt prinzipiell zwei Möglichkeiten für die Teilnehmer, an dem Kurs teilzunehmen. Sie können entweder die Gruppentreffen als 14 Entspannungssitzungen nutzen oder aber das Verfahren systematisch trainieren. Ein systematisches Training setzt voraus, daß die Teilnehmer zwischen den jeweiligen Sitzungen selbständig üben. Beim systematischen Training sind natürlich größere und stabilere Erfolge zu erwarten. Auf diese beiden Möglichkeiten der Teilnahme sollte zu Beginn hingewiesen werden. Beide Möglichkeiten sind legitime Ziele und sollten vom Kursleiter als solche akzeptiert werden.

*Bewegungsfreiheit*

Um die Bewegungsmöglichkeiten nicht einzuschränken, sollte möglichst bequeme Kleidung getragen werden (z. B. Trainingsanzug). Beim Tragen von Straßenkleidung sollte darauf geachtet werden, daß der Gürtel geöffnet ist, die Krawatte abgelegt wird, die Schuhe ausgezogen sind. Alle Gegenstände, die am Körper sind und störend sein könnten, sollen abgelegt werden, z. B. Brille, Uhren, Ringe, Ohrringe etc.

*Bequeme Lage*

In der Regel sind in den Kurstätten Iso-Matten oder ähnliche Unterlagen vorhanden. Für die meisten Teilnehmer reicht dies aus, um die Übungen durchführen zu können. Einige Teilnehmer brauchen (z. B. um Druckstellen zu vermeiden) noch zusätzliche Unterlagen (z. B. Lordosekissen) oder finden es einfach bequemer, sich die eigene Lage individuell einzurichten. Als Kursleiter sollte man nur darauf achten, daß dadurch die Bewegungsfreiheit zum Durchführen der Übungen nicht beeinträchtigt wird. Nach der ersten Sitzung wissen die Teilnehmer, wie bequem die vorhandene Unterlage ist, und was sie noch brauchen, um es sich so bequem zu machen, daß sie ca. 45 min. liegen können. Am Ende der ersten Sitzung sollte darauf hingewiesen werden, das nächste Mal die Gegenstände (Kissen, Decke ...) mitzubringen, die jeder Teilnehmer für notwendig erachtet. Die Teilnehmer sollten ausdrücklich dazu ermutigt werden, ihre Lage zu verändern, falls sie unbequem werden sollte.

*Raumtemperatur*

In der Regel tritt bei Entspannung ein Wärmegefühl auf, dies muß aber nicht für jeden Teilnehmer zutreffen. Da jeder Mensch individuelle Schwellen für Wärme- oder Kälteempfindungen hat, ist es nahezu unmöglich, die Raumtemperatur für alle Teilnehmer optimal einzustellen. Es empfiehlt sich daher, die Teilnehmer zu instruieren, sich selber eventuell noch eine Decke bzw. dicke Socken mitzubringen, um sich so die notwendige Wärme individuell einstellen zu können.

*Äußere Geräusche*

In den ersten 4 - 5 Sitzungen ist es eher wichtig, daß es wenig Störgeräusche von außen gibt, da sonst eventuell die Konzentration auf die Entspannung gestört werden kann. Erfahrungsgemäß spielen ab ca. der fünften Sitzung Störgeräusche von außen keine Rolle mehr. Sie werden entweder gar nicht mehr wahrgenommen oder zwar noch als vorhanden registriert, jedoch nicht mehr als beeinträchtigend empfunden. In den späteren Sitzungen ist es geradezu ein Vorteil, wenn Störgeräusche auftreten, da somit auch das Entspannen unter nicht ganz optimalen Bedingungen geübt wird. Sollten am Anfang störende Geräusche vorhanden sein, so kann auf den o.g. Effekt hingewiesen werden.

*Geräusche der Teilnehmer*

Geräusche, die durch die Teilnehmer verursacht werden (Niesen, Husten, Kratzen etc.), sollten nicht unterdrückt werden, da dies der Entspannung nicht zuträglich wäre. Die Teilnehmer sind ausdrücklich zu ermutigen, Husten, Niesen, etc. nicht zu unterdrücken. Von den anderen Teilnehmern wird dies in aller Regel als nur wenig störend empfunden. Um das Husten oder Niesen zu unterdrücken, ist vermehrte Muskelanspannung nötig, was dem Ziel der muskulären Entspannung entgegenstehen würde. Oftmals kommt es zu einem Blubbern im Bauch. Vorab sollte darauf hingewiesen werden, daß dies ein positives Zeichen für Entspannung ist (verstärkte Verdauung), und das Blubbern nicht unterdrückt werden sollte. Es ist häufig zu beobachten, daß sich ein anfänglich bestehender Hustenreiz im Verlauf der Sitzung vermindert oder ganz verschwindet. Besteht eine starke Erkältung, so sollte entweder im Sitzen oder überhaupt nicht geübt werden.

*Augen geschlossen*

Die Augen sollten nach Möglichkeit geschlossen sein, da der sensorische Input über den visuellen Kanal ca. 80% des gesamten sensorischen Inputs ausmacht. Durch das Schließen der Augen ist es möglich, einen größeren Teil der Aufmerksamkeit auf die innere Wahrnehmung zu richten. In einigen wenigen Fällen (nach meiner Erfahrung max. 5%) kann es sein, daß Kursteilnehmer Schwierigkeiten dabei haben, mit geschlossenen Augen zu üben. Dies ist meist dann der Fall, wenn Angst vor Kontrollverlust besteht. In diesen Fällen sollten die Teilnehmer mit offenen Augen üben.

*Beleuchtung*

Am besten wird die Sitzung bei Tageslicht durchgeführt. Wird Beleuchtung benötigt, so sollte sie indirekt und nicht zu hell sein. Ist keine indirekte Beleuchtung vorhanden, so empfiehlt es sich, das Licht ganz auszuschalten und für den Therapeuten eine Leselampe zu verwenden. Im Sommer sollte darauf geachtet werden, daß die Teilnehmer nicht durch die Sonne geblendet werden.

*„Nebeneffekte"*

Als Nebeneffekte der Entspannung treten häufig Schwere- und Wärmegefühle auf, in einigen Fällen (nach meiner Erfahrung bei ca. 10 - 15 % der Teilnehmer) wird die Entspannung als Leichtigkeit erlebt. Ob und wie diese Nebeneffekte subjektiv erlebt werden, ist nicht vorhersehbar. Vorab sollte auf das mögliche Auftreten dieser Effekte hingewiesen werden und dies als völlig normal deklariert werden.

*Verteilung der Teilnehmer im Raum*

Bei der Verteilung der Teilnehmer im Raum ist zu beachten, daß die Tür nicht blockiert wird, da es immer wieder vorkommen kann, daß Teilnehmer zu spät kommen. Zusätzlich ist es für Teilnehmer mit Agoraphobie ein Signal der Sicherheit, wenn sie wissen, daß die potentielle Fluchtmöglichkeit nicht blockiert ist. Teilnehmer, die weniger gut hören, sollten sich in die Nähe des Kursleiters legen.

*Diabetiker*

Am Anfang jedes Kurses sollte abgefragt werden, ob sich unter den Teilnehmern Diabetiker befinden. Unter Entspannung wird in der Regel körperliche Inaktivität verstanden, daher werden Diabetiker den Insulinspiegel dementsprechend auf Ruhe einstellen. Es muß daher darauf hingewiesen werden, daß es sich bei dieser Art der Entspannung um zum Teil sehr starke körperliche Aktivität handelt. Vorsorglich sollte Zucker bereitgelegt werden, wenn Diabetiker im Kurs sind.

*Toilette*

Die Teilnehmer sollten vor der Sitzung, falls nötig, zur Toilette gehen.

*Schmerzende Muskelgruppen*

Sollten Teilnehmer Schmerzen oder Verletzungen an bestimmten Muskelgruppen haben oder von vornherein wissen, daß sie in bestimmten Muskelgruppen stark verspannt sind, so sollten sie diese Muskelgruppen beim Üben auslassen. Es kann darauf verwiesen werden, daß die Entspannung häufig generalisiert und so auch die Muskelgruppen, mit denen man nicht übt, entspannter werden können.

*Gedanken*

Die Gedanken, die sich automatisch einstellen, sollten nicht unterdrückt werden. Je mehr man sich auf die Unterdrückung konzentrieren würde, desto deutlicher würden sie werden. Häufig kommen durch Entspannung und verringerten sensorischen Input die verschiedensten Gedanken zum Vorschein, die im Alltagsleben nicht wahrgenommen werden. Dieser Umstand kann als ein Hinweiszeichen auf den eintretenden Entspannungszustand interpretiert werden. Die Teilnehmer können instruiert werden, die Gedanken einfach kommen und gehen zu lassen. In den späteren Sitzungen wird die Gedankenkapazität mehr und mehr durch die Übungen gebunden, durch das Entspannungssignal, die Synchronisation mit der Atmung, die Erzeugung innerer Bilder.

*Füße und Beine*

Bei den Übungen sollen die Füße und Beine weniger stark angespannt werden als z.B. Hände und Arme, da Füße und Beine leichter zu Verkrampfung neigen. In den jeweiligen Instruktionen wird nochmals darauf hingewiesen, es sollte aber schon vor Beginn der Übungen erwähnt werden.

*Muskelkrämpfe*

Sollte ein Krampf auftreten, so ist dies ein Hinweis darauf, daß die Muskulatur zu stark angespannt wurde. Bei der nächsten Sitzung sollte die betroffene Muskulatur nur schwach angespannt oder die Muskulatur ganz ausgelassen werden. Es ist im Zweifelsfall besser, einen mittleren Spannungszustand längere Zeit aufrechtzuerhalten, als kurze Zeit sehr stark anzuspannen.

*Muskelzuckungen*

Sie treten häufig auf und sind ebenfalls ein Zeichen von Entspannung. Den meisten Teilnehmern ist dies aus Situationen kurz vor dem Einschlafen bekannt. Sollte das Zucken als störend empfunden werden, so kann die betreffende Muskulatur kurz angespannt und wieder entspannt werden.

*Änderungen des Körperschemas*

Diese Änderungen treten bei tiefen Entspannungszuständen auf. Die Größe und die Lage einzelner Körperteile oder des gesamten Körpers können verändert wahrgenommen werden. Gelegentlich kommt es zur Wahrnehmung von Taubheit und Empfindungslosigkeit einzelner Körperteile oder des ganzen Körpers. Es kann bis zu dem Gefühl der „Körperlosigkeit" führen. Diese Änderungen des Körperschemas sind wiederum als Anzeichen einer tiefen Entspannung zu interpretieren. Mit der Zeit erfolgt in der Regel eine Gewöhnung an diesen Zustand. Wird er jedoch erstmalig erlebt, kann er zu Verwunderung und evtl. zu Angst führen, daher ist es notwendig, das eventuelle Auftreten der Körperschemaänderung vorab anzusprechen.

*„Falschatmer"*

Bei der Formulierung *„beim Einatmen wölbt sich die Bauchdecke nach außen, beim Ausatmen fällt sie nach innen"* kommt es gelegentlich vor, daß Kursteilnehmer angeben, genau umgekehrt zu atmen, also einzuatmen, wenn die Bauchdecke nach innen fällt. Obwohl dies anscheinend physiologisch prinzipiell möglich zu sein scheint, wird es sich in den allermeisten Fällen um den Effekt handeln, daß ganz normale Abläufe anders erscheinen, wenn man die Aufmerksamkeit auf sie lenkt und genau beobachtet. Der gleiche Effekt tritt zum Beispiel auf, wenn man Rekruten beibringt, wie die Hände beim Marschieren pendeln sollen. Dies ist eine ganz natürliche Bewegung, die fast jeder intuitiv richtig macht. Wenn diese automatische Bewegung jedoch übermäßig analysiert wird, fällt es vielen Rekruten schwerer, sie richtig auszuführen. Tritt „Falschatmen" auf, so kann man es mit der obigen Analogie erklären und die Teilnehmer auffordern, diese Instruktionen gezielt zu ignorieren. Es kann sich dabei allerdings auch um einen anderen Effekt handeln. Erfolgt die Atmung hauptsächlich über die Brustatmung, so wird das Heben des

Brustraumes beim Einatmen als ein gleichzeitiges Senken der Bauchdecke wahrgenommen. Da sich die Atmung bei zunehmender Entspannung in den Bauchraum verlagert, wird dieses „Falschatmen“ im Laufe der Entspannung immer geringer werden.

*Verzögerte Entspannung*

In den späteren Sitzungen berichten Teilnehmer gelegentlich, daß sie am Anfang der Sitzung den Eindruck gehabt haben, daß diesmal kein Entspannungseffekt auftritt. Etwa nach der Hälfte der Sitzung tritt die Entspannung dann ein. Dieses Phänomen kann man einfach dadurch erklären, daß Entspannung - wie alles - seine Zeit braucht. Man kann es aber auch als zu großen Leistungsdruck am Anfang der Sitzung interpretieren, der mit zunehmender Entspannung weicht und ist somit ein Modell für die Verminderung von Druck und Anspannung durch die Übungen.

*Unterschiedliche Sensibilität*

Die Sensibilität ist in den Händen am höchsten, in anderen Körperregionen, z. B. im Rücken ist sie wesentlich geringer. Für manche Teilnehmer ist dies verwunderlich. Man kann darauf hinweisen, daß in den Regionen mit geringerer Sensibilität weniger Nervenzellen pro Quadratzentimeter Haut vorhanden sind. Im Ablauf der Übungen stehen die Muskelgruppen mit geringerer Sensibilität weiter hinten.

*Einschlafen*

Gelegentlich kommt es vor, daß Teilnehmer einschlafen. Das einzige Problem dabei ist, daß die Teilnehmer dann in dieser Sitzung weniger Übungsdurchgänge gemacht haben. Häufig verwechseln jedoch die Teilnehmer den Schlafzustand mit dem Entspannungszustand. Der Unterschied zwischen Schlaf und Entspannung sollte noch einmal verdeutlicht werden. Als Kursleiter kann man relativ leicht herausfinden, ob jemand schläft oder entspannt ist. Werden die Rücknahmesuggestionen - auch mit entsprechender Verzögerung - befolgt, so kann man davon ausgehen, daß der Teilnehmer nicht eingeschlafen ist. Werden dagegen die Rücknahmesuggestionen nicht - auch nicht mit Verzögerung - befolgt, und kommt der Teilnehmer erst durch die Geräusche der Nachbesprechung mit der Wahrnehmung wieder in den Übungsraum zurück, so kann man davon ausgehen, daß der Teilnehmer eingeschlafen ist. Sollten Teilnehmer tatsächlich schnell einschlafen, so kann man ihnen empfehlen, von Anfang an im Sitzen zu üben (einzelne Übungen müssen dann von den Teilnehmern entsprechend modifiziert werden).

*Verringerung der Entspannung bei neuen Lernschritten*

Bei der Einführung eines neuen Lernschrittes kann es dazu kommen, daß die Entspannung geringer ist als bei dem vorherigen Lernschritt (der nur die bis dahin geübten Elemente enthält). Dies kann mit einer „Orientierungsreaktion“ erklärt werden, da man sich bei etwas Neuem zunächst diesem Neuen verstärkt zuwendet und somit einen gewissen Teil der Konzentration weglenkt von der Entspannung. Ist diese der Fall, so genügt der Hinweis, daß die Entspannung bei der nächsten Sitzung wieder tiefer sein wird.

*Probleme bei der Visualisierung*

In sehr seltenen Fällen kann es vorkommen, daß es einzelnen Teilnehmern schwerfällt, die vorgeschlagenen Inhalte zu visualisieren. Dem kann durch den Hinweis begegnet werden, daß es nicht erforderlich ist, alles ganz plastisch zu imaginieren. Man kann vorschlagen, sich die eigene Wohnung vorzustellen und dabei festzustellen, wieviele Fenster oder Türen die Wohnung hat, was in der Regel für alle Teilnehmer möglich ist. Dieser Grad der Visualisierung reicht auch für die Übungen vollkommen aus. Sollte ein Teilnehmer überhaupt nicht visualisieren können, so hat er wahrscheinlich einen besseren Zugang zu kinästhetischen Wahrnehmungen. Daher sollte er sich auf die kinästhetischen Veränderungen bei der muskulären Entspannung und bei der Atmung konzentrieren und die visuellen Anteile ignorieren.

*Zusätzliche Konditionierungen beim individuellen Üben*

Wenn die Kursteilnehmer für sich individuell üben, können weitere Konditionierungen der Entspannungsreaktion an verschiedene Umgebungsreize erfolgen. Eine Möglichkeit ist die Benutzung von individuell als entspannend erlebter Musik während der Übungen, eine andere die Verwendung olfaktorischer Reize (z. B. Parfums, Räucherstäbchen, ...), eine dritte Möglichkeit ist es, die Übungen immer im gleichen Raum zu machen. Im Kurs ist es sehr schwierig, mit solchen zusätzlichen Hilfsmitteln zu arbeiten, da hier persönliche Präferenzen eine starke Rolle spielen und es praktisch unmöglich ist, eine Musik oder einen Geruch zu finden, die für alle Teilnehmer entspannend wirkt. Die Gefahr ist sehr groß, daß bei einigen Teilnehmern genau das Gegenteil erreicht wird. Daher ist im Gruppensetting vom Einsatz dieser Hilfsmittel eher abzuraten. Beim individuellen Training ist der Einsatz dieser unterstützenden Konditionierungen immer sinnvoll.

*„Rituelle“ Abläufe*

Es wirkt sich günstig auf die Erzielung der Entspannungseffekte aus, wenn die Sitzungensabläufe immer nach einem gleichen Schema, „rituell“, ablaufen (Gheorghiu, 1995). Dies wird durch ein immer gleiches Schema der Sitzungsbläufe sichergestellt, es empfiehlt sich, sich relativ eng an diesem Schema zu orientieren.

*Nachbereitung*

Nach jeder Sitzung erfolgt eine Nachbereitung, in der es möglich ist, Fehler bei der Übungsausführung sowie das Beseitigen von Schwierigkeiten zu besprechen. Grundprinzip sollte dabei sein, daß jeder Teilnehmer etwas sagt. Da die Entspannung und die damit eventuell verbundenen Schwierigkeiten von jeder Person subjektiv andersartig erlebt werden können, ist die Nachbesprechung die einzige Möglichkeit des Kursleiters, korrigierend und helfend einzugreifen. Gelegentlich kommt es vor, daß einzelne Teilnehmer ihre Aufmerksamkeit nach der Entspannung noch nicht wieder ganz auf die äußere Realität gelenkt haben. Der Beginn der Nachbesprechung ist eine Möglichkeit, diesen Personen die Reorientierung zu erleichtern. Für die Nachbesprechung gibt es allgemeine Punkte, die bei jeder Sitzung besprochen werden und spezielle Punkte, die die Besonderheiten der jeweiligen Sitzung betreffen. Diese besonderen Punkte sind in der Beschreibung der einzelnen Sitzungen enthalten.

Allgemeine Punkte sind:

* Welche Empfindungen traten auf ?
  (Schwere, Wärme, Leichtigkeit, Kälte, Kribbeln, Körperschemaänderungen, ...)

* Gab es bei einzelnen Übungen Schwierigkeiten?

* Wie tief wird die Entspannung eingeschätzt auf einer Skala von 0 bis 100?
  Dabei tritt die Schwierigkeit auf, den Punkt der totalen Entspannung zu definieren, da das Kennenlernen dieses Punktes ja erst das Ziel des Kurses ist. Die Teilnehmer sollen einfach "intuitiv schätzen" ohne den Anspruch auf mathematische Exaktheit.

* Auf was wollen Sie in der nächsten Sitzung besonders achten?

Wichtig bei der Nachbesprechung ist es, relativ nahe bei den Empfindungen der Kursteilnehmer zu bleiben und nur in geringem Umfang theoretische Dinge zu besprechen. Es ist sinnvoll, die Teilnehmer konsequent der Reihe nach abzufragen und dabei in den Sitzungen die Reihenfolge zu wechseln. Bei eher wortkargen Teilnehmern sollte nachgefragt werden. Planen Sie für die Nachbereitung genügend Zeit ein. Erfahrungsgemäß werden für jeden Teilnehmer am Anfang 2 - 3 Minuten benötigt. Mit dem Fortschreiten des Kurses wird diese Zeit geringer werden. In der Anleitung zu den einzelnen Sitzungen sind noch einmal die Dinge beschrieben, die bei der Durchführung der jeweiligen Sitzung beachtet werden sollten.

# 4. Anwendungsbereiche des Verfahrens

An dieser Stelle sollen nur schlagwortartig einige Anwendungsgebiete der PMR genannt werden. Eine differenzierte wissenschaftliche Abhandlung zur experimentellen Therapieforschung findet sich z. B. bei Vaitl und Petermann, (1993) und bei Gröninger und Stade-Gröninger, (1996).

*Allgemeine Entspannung*

An erster Stelle steht sicher der Einsatz als ein Entspannungsverfahren, mit dem die üblichen Parameter der Entspannung erreicht werden:

- subjektives Wohlgefühl
- trophotrope vegetative Umschaltung
- Verlangsamung und Vertiefung der Atmung
- Verlangsamung der Herzfrequenz
- Verringerung des Blutdrucks
- Vermehrung der niederfrequenten Gehirnwellen
- Verbesserte Verdauung

etc.

*„Abschalten"*

Durch die Konzentration auf innerkörperliche Vorgänge und die Wahrnehmung der Entspannung kann man „abschalten", sich gezielt zurückziehen, ganz bei sich sein, um damit die allgegenwärtige Reizüberflutung zumindest zeitweise zu unterbrechen.

*Lernen*

Das Verfahren eignet sich auch dazu, effektiveres Lernen zu fördern. Hierbei macht man sich den Effekt zunutze, daß Gedächtnisinhalte dann besser behalten werden, wenn sie mit Emotionen verknüpft sind, im Falle der Entspannung mit einer positiven Emotion. Weiterhin wird mit dem Verfahren die Interferenz von

Gedächtnisinhalten reduziert. Wenn man das Ziel hat, besser und effektiver zu lernen, so sollte man eine Entspannungsübung vor dem Lernen durchführen und am besten noch einmal eine Entspannungsübung nach dem Lernen.

*Schlafstörungen*

Sehr erfolgreich kann man das Verfahren bei Schlafstörungen einsetzen.

*Beeinflußung von Schmerzen*

Durch die PMR kann die Schmerzwahrnehmung verändert werden. Im einzelnen sind dabei folgende Prozesse wirksam:

- Der Schmerz-Spannungs-Schmerz-Zyklus (Zimmermann, 1990) wird zumindest temporär unterbrochen.
- Durch die Konzentration auf die Entspannungsübung tritt die Schmerzwahrnehmung (zumindest temporär) in den Hintergrund (Aufmerksamkeitslenkung).
- Das Wachheitsniveau wird reduziert und somit die Wahrnehmung der Schmerzen teilweise abgeblockt.
- Die gefühlsmäßige Anspannung (Unruhe, Angst, ...) nimmt ab.
- Bei Spannungskopfschmerz kann PMR sehr gut eingesetzt werden, da diese Art des Kopfschmerzes ein von Muskelschmerzen zumindest mitbestimmter Schmerz zu sein scheint.

Natürlich sollte darauf geachtet werden, daß die jeweils schmerzenden Körperteile nicht angespannt werden, sondern nur die übrigen Körperpartien. Die Entspannung der schmerzenden Muskulatur erfolgt über die Generalisierung des Entspannungseffektes.

*Stottern*

In meinen Kursen habe ich mehrmals erlebt, daß Klienten mit Stotterbeschwerden nach der jeweiligen Sitzung dazu imstande waren, flüssig zu reden.

*Einsatz in realen Situationen*

Der zentrale Vorteil der PMR gegenüber anderen Verfahren ist die gute Einsetzbarkeit dann, wenn man die Entspannungsreaktion am dringendsten braucht. Die PMR erreicht dann den Charakter einer situativ einsetzbaren Selbstkontrollstrategie. So kann z. B. eine geringfügig veränderte Version der muskulären Minimalform mit anschließender Konzentration auf die Atmung in einer realen schriftlichen oder mündlichen Prüfungssituation eingesetzt werden. Ebenso ist es möglich, die PMR z. B. im Zahnarztstuhl während einer Zahnbehandlung durchzuführen. In diesem Falle kann es noch zusätzlich zu Desensibilisierungseffekten kommen. Die Möglichkeiten des Einsatzes der Kurzformen der PMR sollten in der letzten Sitzung mit den Teilnehmern diskutiert werden.

# 5. Verwendung der Sitzungsbeschreibungen

Für jede der 14 dargestellten Sitzungen besteht eine Sitzungsbeschreibung, in der die einzelnen Schritte und Besonderheiten der jeweiligen Sitzung dargelegt werden. Diese Sitzungsbeschreibung eignet sich sowohl als Vorbereitung für den Kursleiter als auch als eine Art „Stundenplan" bei der konkreten Durchführung. Die in der jeweiligen Sitzung verwendeten Übungstexte können auch von den Teilnehmern selber auf eine Tonkassette gesprochen werden, die dann zum selbständigen Üben außerhalb des Kurses verwendet werden kann.

*Dauer*

Die jeweiligen Sitzungen sind für ca. 60 Minuten Dauer ausgelegt. Für die erste Sitzung sollten ca. 90 Minuten einkalkuliert werden (Vorstellung des Kursleiters, organisatorische Fragen etc.).

*Ablauf*

Zu jeder Stunde ist ein Ablaufschema vorhanden, an das man sich inhaltlich bei der Gestaltung der Sitzungen anlehnen kann. Die vorgestellte Reihenfolge der Übungen sollte bis inklusive der achten Sitzung eingehalten werden, da die jeweiligen Lernschritte aufeinander aufbauen (siehe Kapitel 2). Ab der neunten Sitzung kommt es auf die Verkürzung der Übungen an. Hierfür gibt es mehrere Übungsformen, die unterschiedlich kombiniert werden können. Der Aufbau und Ablauf der Sitzungen 9 und 14 stellt ein mögliches erprobtes Vorgehen dar, von dem auch abgewichen werden kann.

*Dauer der Anspannungs- und Entspannungsphasen*

Bei den Instruktionen zum Anspannen steht hinter der jeweiligen Instruktion eine Zahl in Klammer, diese Zahl gibt in etwa die Länge der Anspannungsphase in Sekunden an.

Die Angabe „(5)“ bedeutet z. B. 5 Sekunden Anspannungsphase. Bei den Instruktionen zur Entspannung stehen hinter jeder Instruktion Punkte in einer Klammer, die in etwa die Länge der Entspannungsphase angeben. Jeder Punkt entspricht dabei ca. drei Sekunden. Die Angabe „(.....)“ bedeutet z. B. ca. 15 Sekunden Entspannungsphase. Sollte von diesen Zeitangaben abgewichen werden, sollte darauf geachtet werden, daß die Entspannungsphase ca. 2 bis 3 mal so lang ist, wie die Anspannungsphase.

*Aufbau*

Die Sitzungsbeschreibungen sind nach folgendem Schema aufgebaut:

* allgemeine Vorbereitung
* spezielle Vorbereitung für den jeweiligen Lernschritt
* Durchführung
* allgemeine Nachbesprechung
* Nachbesprechung der speziellen Lernschritte
* Hausaufgaben
* eventuell zusätzliche Hinweise

Da für viele Menschen der Begriff „Hausaufgaben“ eher negativ besetzt ist, kann beispielsweise mit den Begriffen „Vorbereitungsmöglichkeit“ oder „Übungsmöglichkeit” gearbeitet werden.

*Visualisierung*

In Sitzungen, in denen die Visualisierung verwendet wird, erfolgt der Text bis zu der Stelle, an der die Visualisierung eingeblendet wird. Im Text erfolgt dann der Hinweis, entweder die individuelle Entspannungsszene oder die Farbenabfolge anzufügen (siehe Kapitel 2). Der Kursleiter muß sich vorher für das jeweilige Vorgehen in der Sitzung entscheiden.

# 6. Beschreibung der Sitzungen

## 6.1 Erste Sitzung
## Lernschritt: Muskuläres An- und Entspannen

*Einführung*

* Vorstellung des Kursleiters.
* Klärung organisatorischer Fragen
* Kurzeinführung in das Prinzip und den Aufbau des Verfahrens (z. B. mit den Abbildungen aus dem Kapitel 2).
* Aufbau des Kurses.
* Hinweis: Jeweils zwei Sitzungen beinhalten den gleichen Lernschritt.
* Zur Erklärung des Prinzips:

* Text: „Demonstration“ (S. 44)

*Vorbereitung*

*Allgemeine Vorbereitung: (siehe Kapitel 3)*

* Bequeme Lage einnehmen.
* Bewegungsfreiheit herstellen (Gürtel, Brille, Uhr, Ringe, Schuhe, ...).
* Husten, Niesen etc. nicht unterdrücken.
* Füße und Beine nicht so stark anspannen wie Hände und Arme.
* Evtl. noch vorher auf die Toilette gehen.

*Durchführung*

Text: „Anfangsform Liegend“ (S. 45)

*Nachbesprechung*

*Allgemeine Nachbesprechung: (siehe Kapitel 3)*

* Welche Empfindungen traten auf?
* Einschätzung des Entspannungsgrades von 0 bis 100.
* Gab es Probleme mit einzelnen Muskelgruppen?

*Hausaufgabe*

Zur zweiten Sitzung die Dinge mitbringen, die ein bequemes Liegen und ein bequemes Durchführen der Übungen ermöglichen (Kissen, Decke, ...).

*Hinweis*

Für die erste Kursstunde ist ca. eine halbe Stunde mehr Zeit vorzusehen (Vorstellung des Kursleiters, Vorstellung des Kursaufbaus, organisatorische Fragen, ...).

## Demonstration

Um Ihnen das Grundprinzip des Verfahrens zu demonstrieren, und Sie mit meiner Stimme vertraut zu machen, werden wir nachher damit beginnen, die rechte Hand zur Faust zu ballen. Der Zustand, bei dem die Hand ganz angespannt, aber noch nicht verkrampft ist, bekommt die Zahl 100 zugeordnet, der Zustand der Entspannung, der kraftlosen Entspannung die Zahl 0. Diesen Zustand wollen wir erreichen.

Spannen Sie also jetzt zunächst ihre rechte Hand fest zur Faust. Spannen Sie, verkrampfen Sie aber nicht. Dieser Zustand, spüren Sie ihn jetzt ganz genau, bekommt die Zahl 100 (5). Von 100 wollen wir nun in 5 Schritten auf 0 zurückgehen, ganz langsam, d. h. wir gehen nun einmal auf den Zustand 80. Suchen Sie einen Zustand, der der Zahl 80 in etwa entspricht. Gehen Sie mit Ihrer inneren Beobachtung ganz in ihre Hand hinein, versuchen Sie, diesen Zustand ganz genau festzulegen, dies ist jetzt der Zustand 80 (5). Von diesem wollen wir nun auf 60 heruntergehen. Suchen Sie diesen Zustand 60, und stellen Sie die Spannung in der rechten Hand auf 60 ein (5). Nun wollen wir von 60 auf 40 heruntergehen. Gehen Sie mit Ihrer ganzen inneren Beobachtung in Ihre rechte Hand. Versuchen Sie, den Zustand 40 genau zu halten. Gehen Sie nun auf den Zustand 20 herunter. Sie können eine leichte Spannung spüren, die in der rechten Hand verblieben ist (5), und gehen Sie jetzt noch einmal hinauf auf den Zustand 60. Versuchen Sie, diesen Zustand 60 genau zu treffen (5). Von 60 gehen Sie nun wieder auf 40 (5). Von 40 jetzt auf 80 hinauf (5) und nun von 80 auf 20 herunter (5). Und jetzt spannen Sie die rechte Hand noch einmal fest zur Faust, zur Zahl 100. Verkrampfen Sie die Hand nicht, aber spüren Sie genau die starke Anspannung (5). Gehen Sie jetzt durch jeden einzelnen Finger und spüren Sie genau, wie jeder Finger angespannt ist, wie Spannung in ihm steckt. Wenn ich gleich bis drei zähle, lassen Sie die Hand ganz locker und gehen auf den Zustand 0 herunter. Eins - zwei - drei (...) lassen Sie die Hand locker. Spüren Sie, wie die Kraft aus der Hand weicht, wie angenehm es sein kann, die Hand nicht mehr anstrengen zu müssen (.......).

Gehen Sie mit Ihrer inneren Beobachtung ganz in Ihre rechte Hand hinein, versuchen Sie, jede Muskelfaser fallen zu lassen. Gehen Sie in Gedanken durch jeden einzelnen Finger und auch in das Handinnere (.......). Versuchen Sie nachzustellen, versuchen Sie, einzelne Muskelfasern noch mehr fallenzulassen (.....). Gehen Sie ganz in Ihre rechte Hand. Versuchen Sie, die Hand noch mehr fallen zu lassen. Lassen Sie die Hand noch mehr fallen (.....).

# Anfangsform Liegend

Legen Sie sich bequem auf Ihre Unterlage, korrigieren Sie Ihre Lage so, daß Sie bequem und druckfrei liegen und nichts an Ihrer Lage Sie noch stört. Legen Sie die Arme leicht angewinkelt hin, die Hände locker aufgelegt, die Finger liegen locker und leicht gekrümmt auf der Unterlage. Strecken Sie die Beine bequem aus, die Füße können von alleine etwas nach außen fallen, s(S)ie können sich dabei entspannen. Schließen Sie die Augen und versuchen Sie, an nichts zu denken, denken Sie an nichts Bestimmtes. Es gibt im Moment nichts zu tun, Sie können es sich erlauben, sich völlig auf das Gefühl der Entspannung zu konzentrieren. Konzentrieren Sie sich auf jeden Muskel Ihres Körpers, versuchen Sie, jeden Muskel zu spüren und ihn schon so gut wie möglich zu entspannen.

Atmen Sie dabei ruhig und tief, beim Einatmen wölbt sich die Bauchdecke nach außen (....), beim Ausatmen fällt sie nach innen ein (......). Das Gesicht kann ganz entspannt werden (.....). Die Zähne nicht aufeinanderbeißen (...). Während Sie mir zuhören, brauchen Sie mir nicht genau zuzuhören, denn Sie werden auf jeden Fall verstehen, was ich meine.

Um uns an den Zustand der Entspannung zu gewöhnen, wollen wir zunächst ein deutliches Gefühl für Anspannung und Entspannung empfinden lernen. Wir wollen mit der rechten Hand beginnen. Der Zustand, bei dem die Hand ganz angespannt, aber noch nicht verkrampft ist, bekommt die Zahl 100 zugeordnet, der Zustand der Entspannung, der kraftlosen Entspannung die Zahl 0. Diesen Zustand wollen wir erreichen. Spannen Sie also jetzt zunächst Ihre rechte Hand fest zur Faust. Spannen Sie, verkrampfen Sie aber nicht. Dieser Zustand, spüren Sie ihn jetzt ganz genau, bekommt die Zahl 100 (5). Von 100 wollen wir nun in 5 Schritten auf 0 zurückgehen, ganz langsam, d. h. wir gehen nun einmal auf den Zustand 80. Suchen Sie einen Zustand, der der Zahl 80 in etwa entspricht. Gehen Sie mit ihrer inneren Beobachtung ganz in Ihre Hand hinein, versuchen Sie, diesen Zustand ganz genau festzulegen, dies ist jetzt der Zustand 80 (5). Von diesem wollen wir nun auf 60 heruntergehen. Suchen Sie diesen Zustand 60, und stellen Sie die Spannung in der rechten Hand auf 60 ein (5). Nun wollen wir von 60 auf 40 heruntergehen. Gehen Sie mit ihrer ganzen inneren Beobachtung in ihre rechte Hand. Versuchen Sie, den Zustand 40 genau zu halten. Konzentrieren Sie sich so darauf, daß Sie alle anderen Gedanken beiseite lassen können, konzentrieren Sie Ihre ganze Aufmerksamkeit auf die rechte Hand. Wir sind beim Zustand 40. Gehen Sie nun auf den Zustand 20 herunter. Sie können eine leichte Spannung spüren, die in der rechten Hand verblieben ist (5), und gehen Sie jetzt noch einmal hinauf auf den Zustand 60. Versuchen Sie, diesen Zustand 60 genau zu treffen (5). Von 60 gehen Sie nun wieder auf 40 (5). Von 40 jetzt auf 80 hinauf (5) und nun von 80 auf 20 herunter (5). Und jetzt spannen Sie die rechte Hand noch einmal fest zur Faust, zur Zahl 100.

Verkrampfen Sie die Hand nicht, aber spüren Sie genau die starke Anspannung (5). Gehen Sie jetzt durch jeden einzelnen Finger und spüren Sie genau, wie jeder Finger angespannt ist, wie Spannung in ihm steckt. Wenn ich gleich bis drei zähle, lassen Sie die Hand ganz locker und gehen auf den Zustand 0 herunter. Eins - zwei - drei (...) lassen Sie die Hand locker. Spüren Sie, wie die Kraft aus der Hand weicht, wie angenehm es sein kann, die Hand nicht mehr anstrengen zu müssen (.......).

Gehen Sie mit ihrer inneren Beobachtung ganz in ihre rechte Hand hinein, versuchen Sie, jede Muskelfaser fallen zu lassen. Gehen Sie in Gedanken durch jeden einzelnen Finger und auch in das Handinnere (.......). Versuchen Sie nachzustellen, versuchen Sie, einzelne Muskelfasern noch mehr fallenzulassen (.....). Gehen Sie ganz in ihre rechte Hand. Versuchen Sie, die Hand noch mehr fallen zu lassen. Lassen Sie die Hand noch mehr fallen (.....).

Der übrige Körper kann ganz unbeteiligt, locker und ruhig auf der Unterlage liegen. Atmen Sie ruhig und tief, bei jedem Ausatmen kann die Entspannung tiefer werden (........). Lassen sie das Gesicht sich entspannen (......), die Zähne nicht aufeinanderbeißen (....).

Sie können jetzt noch auf Ihre Gedanken achten, die Ihnen vielleicht noch durch den Kopf gehen, versuchen Sie nicht, sie gewaltsam wegzuschieben. Vielleicht können Sie - wie viele Menschen - einfach die Entscheidung treffen, den Gedanken nicht zu folgen, bis s(S)ie sie vergessen können und s(S)ie konzentrieren i(I)hre Aufmerksamkeit immer mehr auf das Entspannen der rechten Hand.

Jetzt wollen wir zur linken Hand übergehen. Spannen Sie die linke Hand auf 100 an und spüren Sie diesen Zustand. Sie können in Ihrer Hand spüren, wie anstrengend das ist. Sie können jeden einzelnen Finger spüren. Lassen Sie den übrigen Körper locker und unbeteiligt (5). Gehen Sie nun mit der linken Hand auf 80 (5), auf 60 herunter (5), dann auf 40 herunter (5) und auf 20 herunter (5), wieder hoch auf 40 (5), weiter hoch auf 80 (5), von 80 wieder auf 40 herunter (5), hinauf auf 60 (5) und wieder ganz angespannt auf 100. Spüren sie die Spannung. Gehen Sie mit Ihrer Wahrnehmung ganz in Ihre linke Hand (5). Lassen sie die Hand nun los, lassen Sie sie ganz fallen, jeden einzelnen Finger der linken Hand und jede einzelne Muskelfaser im Handinneren (.......). Gehen Sie in Gedanken durch jeden einzelnen Finger, gehen Sie in das Handinnere, lockern Sie jede Muskelfaser (......). Die beiden Hände können sich immer weiter entspannen.

Atmen Sie ruhig und tief, beim Einatmen wölbt sich die Bauchdecke nach außen (.....), beim Ausatmen fällt sie nach innen ein (.....). Das Gesicht kann ganz entspannt werden (...........). Die Zähne nicht aufeinanderbeißen (....).

Ballen sie jetzt Ihre rechte Hand zur Faust. Spannen Sie sie zum Zustand 100 an (5). Halten Sie die Spannung. Achten Sie auf die Spannung in Ihrer Hand und in Ihrem

Unterarm (5). Und nun lassen Sie los, lassen Sie Hand und Unterarm locker, ganz locker (.......). Achten Sie darauf, daß der Daumen entspannt ist (...), der Zeigefinger (...), der Mittelfinger (...), der Ringfinger (...) und der kleine Finger (...). Schließen Sie jetzt Ihre rechte Hand noch einmal zur Faust. Spannen Sie an und halten Sie die Spannung (5). Lassen Sie nun los und achten Sie auf den Übergang von der Anspannung zur Entspannung (...........). Wiederholen Sie diese Übung mit der linken Hand. Schließen Sie die linke Hand fest zur Faust und achten Sie genau auf die Empfindungen, die bei der Anspannung entstehen (10). Und nun lassen Sie wieder locker (..........). Spüren Sie, wie angenehm es sein kann, wenn die Muskeln vom angespannten in den entspannten Zustand übergehen, wie s(S)ie immer entspannter werden (.......). Achten Sie auf die Entspannung in jedem einzelnen Finger, dem Daumen (.....), dem Zeigefinger (.....), dem Mittelfinger (.....), dem Ringfinger (.....) und dem kleinen Finger (.....) und bleiben Sie so entspannt (..........). Spannen Sie jetzt beide Hände und Unterarme an (5) und lassen Sie nun wieder locker (.......). Achten Sie auf den Übergang von der Anspannung zur Entspannung (.......).

Jetzt gehen wir zu den Armen. Beugen Sie jetzt beide Ellenbogen mit geballten Fäusten nach oben. Spannen Sie dabei die Oberarme fest an (5). Spannen Sie und empfinden Sie die Gefühle dabei (5). Beobachten Sie die Spannung (5) und strecken Sie nun die Arme wieder, s(S)ie können sich ganz entspannen (.....). Entspannen und genau auf den Unterschied achten (.......). Die Entspannung kann sich ausbreiten (.....). Jetzt noch einmal beide Fäuste ballen und die Ellenbogen aufbeugen, die Spannung festhalten und beobachten (10), nun wieder entspannen (.....). Strecken Sie die Arme locker, entspannen Sie, entspannen Sie, so gut Sie können (.......).

Der ganze Körper kann locker und ruhig auf der Unterlage liegen (.....). Atmen Sie ruhig und tief, beim Einatmen wölbt sich die Bauchdecke nach außen (...), beim Ausatmen fällt sie nach innen ein (.......). Stirn, Augen und Kiefer können sich lockern und entspannen (.....), s(S)ie können sich immer weiter entspannen. Beobachten Sie jedesmal ganz genau Ihre Empfindungen, einmal wenn Sie anspannen und dann, wenn Sie entspannen (.....).

Drücken Sie jetzt die Hände ganz fest auf die Unterlage (5). Ganz aufdrücken, so daß Sie eine starke Spannung in den hinteren Oberarmen spüren können. Drücken Sie die Arme fest auf und fühlen Sie die Spannung im hinteren Oberarm (5), nun wieder entspannen (.....). Die Arme wieder bequem hinlegen (.....). Lassen Sie die Entspannung sich weiter ausbreiten (.....). Die Arme können sich angenehm anfühlen, während s(S)ie sich weiter entspannen (.....). Und noch einmal die Arme strecken, mit der flachen Hand fest auf die Unterlage drücken, so daß Sie die Spannung in den hinteren Oberarmen spüren (5). Drücken Sie ganz fest, fühlen Sie die Spannung (5) und nun entspannen Sie (.....). Konzentrieren Sie sich auf die reine Entspannung ohne jegliche Anspannung (.....). Legen Sie die Arme wieder bequem und leicht gekrümmt auf die Unterlage, s(S)ie können sich dabei weiter und weiter entspannen (.......).

Der Körper kann ganz locker und ruhig liegen (.....). Atmen Sie ruhig und tief, beim Einatmen wölbt sich die Bauchdecke nach außen (.....), beim Ausatmen fällt sie nach innen ein (.....). Mit jedem Ausatmen kann die Entspannung tiefer werden (...........). Augenlider und Kiefer können locker und entspannt sein (.....), versuchen Sie, noch ein wenig weiter zu gehen, s(S)ie können ein immer tieferes Gefühl der Entspannung erreichen (...........).

Ziehen Sie jetzt - während Sie die Unterarme auf der Unterlage liegen lassen - nur die Hände im Handgelenk nach oben, spannen Sie die Handgelenke an, indem Sie die Hände nach oben ziehen (5) und lassen Sie nun wieder locker, entspannen Sie die Handgelenke, bis s(S)ie ganz locker sind (...........). Während die Hände und Arme locker daliegen, können s(S)ie i(I)hre Entspannung immer deutlicher spüren (...........).

Atmen Sie tief und ruhig, mit jedem Atemzug kann die Entspannung noch etwas tiefer werden (...........).

Jetzt arbeiten wir mit den Schultern weiter. Ziehen Sie die Schultern jetzt so weit es geht nach hinten, drücken Sie sie gegen die Unterlage (10) und lassen Sie sie nun wieder los (.....). Atmen Sie dabei ruhig und tief (...........). Ziehen Sie jetzt die Schultern nach vorne, so weit nach vorne, wie es geht (10) und lassen Sie die Schultern nun wieder fallen (...........).

Gehen Sie nun ganz ruhig mit Ihren Gedanken durch die beiden Arme, von den Schultern bis zu den Fingerspitzen (...........), s(S)ie können dabei immer lockerer werden, indem Sie ihre Aufmerksamkeit darauf richten. Stellen Sie nach, lockern Sie, wenn sich wieder etwas verspannt hat (...........). Lassen Sie alles fallen. Die Arme können ganz locker auf der Unterlage liegen (...........). Sie brauchen keine Energie in den Armen zu lassen (...........), s(S)ie können sich immer weiter entspannen (...........).

Der übrige Körper kann locker und unbeteiligt sein (...........). Atmen Sie ruhig und tief, beim Einatmen wölbt sich die Bauchdecke nach außen (.....), beim Ausatmen fällt sie nach innen ein (.....). Mit jedem Ausatmen können Sie tiefer in die Entspannung sinken (...........). Augenlider und Kiefer können ganz locker werden, s(S)ie können sich zunehmend entspannen (...........).

Während die Arme in ihrem Entspannungszustand verbleiben, gehen wir zu den Beinen über. Wir beginnen mit den Füßen. Ziehen Sie zunächst beide Zehenreihen zum Körper heran. Zehenspitzen jetzt zum Körper hinziehen (5) und nun wieder loslassen (...........). Jetzt die Zehenspitzen nach vorne einkrallen, so als wollten Sie einen Bleistift festhalten (3), verkrampfen Sie aber dabei nicht die Fußsohlen (3). Lassen Sie die Zehen nun wieder los (.....), gehen Sie nun in Gedanken in Ihre Fußsohlen (.....), entspannen Sie die dortigen Muskeln (.....), gehen Sie mit Ihrer ganzen Konzentration in die beiden Füße (.....). Lassen Sie los, ganz locker, lassen Sie die Füße fallen (.....), s(S)ie können dabei ganz locker werden.

Der ganze Körper kann locker und entspannt sein (.....). Atmen Sie ruhig und tief, wölben Sie die Bauchdecke beim Einatmen nach außen (....), beim Ausatmen fällt sie nach innen ein (.....). Mit jedem Ausatmen können Sie tiefer und tiefer in die Entspannung sinken (...........). Lockern Sie den Kiefer, lassen Sie die Augenlider locker auf den Augen ruhen (....), die Stirn kann locker und entspannt werden (...........).
Strecken Sie jetzt die Fußspitzen weit vom Körper weg nach unten aus (3), spannen Sie dabei die Unterschenkel fest an (5) und lassen Sie nun los (...........). Ziehen Sie jetzt die Fußspitzen zum Körper hin (3), spannen Sie die Unterschenkel, verkrampfen Sie aber dabei nicht (5), und lassen Sie nun wieder los (.....). Lassen Sie die Unterschenkel ganz locker fallen (.....), entspannen Sie die Füße und die Unterschenkel (.....), lassen Sie sie ganz locker hängen (.....). Die Beine können ganz entspannt und locker auf der Unterlage liegen, s(S)ie können dabei zunehmend entspannter werden (...........).

Der übrige Körper ist ganz unbeteiligt (.....). Stirn, Augenlider und Kiefermuskeln können sich ganz locker entspannen, s(S)ie können sich ganz locker entspannen (...........). Atmen Sie ruhig und tief (...........). Mit jedem Ausatmen kann die Entspannung noch etwas tiefer werden (...........). Sie können sich locker und entspannt fühlen (...........). Die Bauchdecke wölbt sich beim Einatmen nach außen (.....), beim Ausatmen fällt sie nach innen ein (.....). Mit jedem Atemzug können Sie tiefer in die Entspannung sinken (............................).

Wir kommen jetzt zum Rücken. Spannen Sie den Rücken jetzt an, indem Sie ein Hohlkreuz machen (3), indem Sie nur auf Nacken, Unterschenkel und Arme gestützt sind (3). Machen Sie ein Hohlkreuz, heben Sie das Gesäß (3) und lassen Sie sich nun wieder sinken (...........). Heben Sie noch einmal kurz das Kreuz vom Boden ab (5) und lassen es dann wieder sinken (.....). Sie können spüren, wie schwer der Körper ist, und lassen ihn mit seinem ganzen Gewicht auf die Unterlage drücken (...........). Halten Sie keine Muskelfaser mehr gespannt (.....), lockern Sie alle Muskelfasern links und rechts der Wirbelsäule, bis s(S)ie ganz entspannt sind (...........).

Atmen Sie ruhig und tief (...........), beim Einatmen wölbt sich die Bauchdecke nach außen (.....), beim Ausatmen fällt sie nach innen ein (.....). Mit jedem Atemzug können Sie spüren, wie die Entspannung tiefer werden kann (...........). Lassen Sie Augen und Lider ganz entspannt und locker werden, bis s(S)ie vollkommen entspannt sind (...........).

Jetzt gehen wir zum Bauch. Drücken Sie den Bauch jetzt ganz weit nach außen, spannen Sie die Bauchdecke, indem Sie den Bauch ganz weit nach außen wölben, atmen Sie dabei tief ein (5) und lassen Sie nun wieder los (..........), achten Sie wieder auf den Übergang von der Anspannung zur Entspannung (...........). Drücken Sie jetzt den Bauch noch einmal weit nach außen (5) und lassen Sie nun wieder los (...........). Ziehen Sie jetzt den Bauch ganz weit ein und atmen Sie dabei ganz tief aus (5), den Bauch ganz weit einziehen (5) und nun wieder loslassen (...........). Und jetzt noch einmal den Bauch ganz weit einziehen (5), dabei ganz tief ausatmen (5), und nun wieder loslassen (...........). Entspannen Sie die Bauchmuskeln, s(S)ie können dabei immer lockerer und entspannter werden (...........).

Gehen Sie nun noch einmal durch beide Arme und kontrollieren Sie, ob sich irgendwo eine Verspannung eingeschlichen hat (...........). Gehen Sie in Gedanken durch die Schultern (...........), durch beide Arme (...........), durch die Handflächen (...........) bis in die Fingerspitzen (...........). Lassen Sie dabei alles locker werden, lassen Sie jede Muskelfaser fallen (...........). Atmen Sie ruhig und tief (...........). Gehen Sie in Gedanken auch noch einmal durch Ihre Beine (...........), der übrige Körper bleibt ganz unbeteiligt, kontrollieren Sie, ob sich in den Beinen irgendeine Spannung eingeschlichen hat (...........). Lassen Sie Stirn, Augen und Kiefer ganz locker, s(S)ie können mit jedem Ausatmen entspannter werden (.........................).

Wir gehen jetzt daran, mit dem Kopf zu üben. Der übrige Körper bleibt dabei ganz unbeteiligt. Ziehen Sie jetzt den Kopf nach vorne auf die Brust (5) und lassen Sie den Kopf nun wieder los (...........). Spüren Sie, wie Sie den Hals soeben angespannt haben (.....). Pressen Sie jetzt den Kopf auf die Unterlage (5), spannen Sie den Hals auf der hinteren Seite an, drücken Sie ihn fest nach hinten (5) und lassen Sie nun wieder los (...........). Ziehen Sie jetzt den Kopf auf die linke Schulter, pressen Sie ihn so weit nach links, wie es geht (5) und lassen Sie nun wieder los (...........). Ziehen Sie jetzt den Kopf mit aller Kraft auf die rechte Schulter (5) und lassen Sie nun wieder los (...........). Heben Sie jetzt den Kopf noch einmal auf die Brust (5) und lassen ihn nun wieder los (...........). Gehen Sie nun mit Ihren Gedanken in den Hals, gehen Sie rings um den Hals herum und lassen Sie ihn ganz kraftlos werden (...........). Spüren Sie das Gewicht, mit dem der Kopf auf der Unterlage liegt (...........).

Der ganze Körper liegt mit seinem Gewicht auf der Unterlage und kann sich entspannen (...........). Atmen Sie dabei ruhig und tief (...........), beim Einatmen wölbt sich die Bauchdecke nach außen (.....), beim Ausatmen fällt sie nach innen ein (.....). Mit jedem Ausatmen können Sie spüren, wie die Entspannung tiefer werden kann (.......................). Stirn und Augenlider können sich lockern, s(S)ie können dabei immer entspannter werden (...........). Die Zähne können leicht geöffnet sein (.....), der Kiefer ist ganz locker (.....), im ganzen Körper braucht keinerlei Spannung mehr zu sein (...........).

Jetzt gehen wir zum Gesicht über. Beißen Sie ganz leicht - ohne zu verkrampfen - die Zähne aufeinander (5) und lassen Sie nun wieder los (.....). Ziehen Sie jetzt die Mundwinkel so weit wie möglich auseinander, machen Sie einen ganz breiten Mund (5) und lassen Sie nun wieder los (...........). Schieben Sie jetzt den Mund nach vorne zu einem spitzen Mund zusammen, spitzen Sie die Lippen (5) und lassen Sie nun wieder los (...........). Entspannen Sie den Mund, nehmen Sie alle Kraft aus der Mundpartie weg (...........). Atmen Sie dabei ruhig und tief (...........), die Kiefermuskeln können sich dabei entspannen, s(S)ie können sich ganz entspannen.

Wir gehen jetzt zu den Augenbrauen. Ziehen Sie die Augenbrauen nach oben, indem Sie die Stirn nach oben runzeln (5), spannen Sie die Stirn an, gehen Sie mit Ihrer Wahrnehmung ganz in Ihre Stirn (5) und lassen Sie nun wieder locker (...........). Ziehen Sie jetzt die Augenbrauen über der Nasenwurzel zusammen, so daß sich eine senkrechte Falte bildet (5) und lassen Sie nun wieder los (...........). Versuchen Sie, die Stirn ganz glatt, locker und warm werden zu lassen, die Stirnhaut dabei zu entspannen (...........).

Atmen Sie dabei ruhig und tief (...........), der übrige Körper bleibt ganz unbeteiligt (...........). Beim Einatmen wölbt sich die Bauchdecke nach außen (.....), beim Ausatmen fällt sie nach innen ein (.....). Während Sie sich auf die Atmung konzentrieren, kann die Entspannung immer tiefer werden (........................).

Kneifen Sie jetzt die Augen zusammen als würden Sie geblendet (5) und lassen Sie nun wieder los (...........). Halten Sie die Augen geschlossen, Sie können die Schwere der Augenlider auf den Augen spüren (.....), s(S)ie können noch entspannter werden. Der übrige Körper bleibt davon ganz unbeteiligt. Atmen Sie ruhig und tief (...........), beim Einatmen wölbt sich die Bauchdecke nach außen (.....), beim Ausatmen fällt sie nach innen ein (.....). Sie können spüren, wie die Entspannung bei jedem Ausatmen tiefer werden kann (..........................).

Versuchen Sie jetzt - während Sie die Augen geschlossen halten - die Augäpfel nach links zu drehen, nach links ins Dunkel zu schauen (5) und lassen Sie nun wieder los (...........). Schauen Sie jetzt mit geschlossenen Augen ganz nach rechts (5) und lassen Sie nun wieder los (...........). Schauen Sie jetzt mit geschlossenen Augen ganz nach oben, so weit es möglich ist (5) und lassen Sie nun wieder los (...........). Lassen Sie die Augäpfel ganz ruhig in ihren Aufhängungen hängen und entspannen Sie die Augen (...........). Pressen Sie jetzt die Zunge an den Gaumen (5) und lassen Sie nun wieder los (...........).

Während Sie sich versichern, daß die Hals- und Nackenbereiche ganz locker sind, können s(S)ie sich immer weiter entspannen (...........). Entspannen Sie die Schultern (...........), die Kiefermuskeln (...........), die gesamte Gesichtsmuskulatur (...........). Halten Sie den Körper einige Zeit so entspannt (........................). Atmen Sie weiter ruhig und tief (...........). Nun können Sie noch tiefer entspannt werden, indem Sie sehr tief durch die Nase einatmen (...........) und ganz langsam durch den Mund wieder ausatmen (...........). Lassen Sie die Bauchdecke sich beim Einatmen nach außen wölben (...........) und beim Ausatmen nach innen einfallen (...........). Lassen

Sie die Augen locker geschlossen (...........). Atmen Sie tief durch die Nase ein (...........) und ganz langsam durch den Mund wieder aus (...........).

Gehen Sie nun in Gedanken durch die beiden Arme, beobachten Sie dabei, ob sich irgendeine Verspannung in den linken oder rechten Arm eingeschlichen hat (...........). Beobachten Sie die Ruhe, das Verschwinden jeglicher Spannung (............................). Atmen Sie weiter tief durch die Nase ein (...........) und ganz langsam durch den Mund wieder aus (...........). Der Körper ist jetzt entspannt und locker (...........), Stirn, Augen und Kiefer können sich ganz entspannen, s(S)ie können sich mit jedem Atemzug weiter entspannen (.....................).

Manchen Menschen kann dieses Gefühl der Entspannung wie eine Garantie sein, die i(I)hnen sagt: „s(S)ie sind entspannt und gelassen, s(S)ie fühlen sich wohl und tanken in diesem Zustand der Entspannung neue Energie auf."

Atmen Sie weiter tief durch die Nase ein (.....) und ganz langsam durch den Mund wieder aus (.....).

Um die Übung zu beenden, werden wir in 4 Schritten vorgehen:

Bewegen Sie jetzt die Hände (.........).
Bewegen Sie jetzt Hände und Arme (.......).
Bewegen Sie jetzt den ganzen Körper (......).
Und jetzt öffnen Sie die Augen (......).

Richten Sie sich langsam zum Sitzen auf.

## 6.2 Zweite Sitzung
## Lernschritt: Muskuläres An- und Entspannen

*Vorbereitung*

*a) Allgemeine Vorbereitung: (siehe Kapitel 3)*

* Bequeme Lage einnehmen.
* Bewegungsfreiheit herstellen (Gürtel, Brille, Uhr, Ringe, Schuhe, ...).
* Husten, Niesen etc. nicht unterdrücken.
* Füße und Beine nicht so stark anspannen wie Hände und Arme.
* Evt. noch vorher auf die Toilette gehen.

*b) Spezielle Vorbereitung:*

* Aus der Erfahrung der ersten Sitzung sollen es sich die Teilnehmer so bequem machen, daß sie die Sitzung hindurch bequem liegen, und dabei so viel Bewegungsfreiheit haben, die einzelnen Übungen durchzuführen.
* Muskelgruppen, die evtl. bei der ersten Sitzung Schmerzen verursacht haben, in dieser Sitzung weniger oder gar nicht anspannen (Hinweis auf den Generalisierungseffekt der Entspannung).

*Durchführung*

Text: „Anfangsform Liegend“ (S. 45)

*Nachbesprechung*

*a) allgemeine Nachbesprechung: (siehe Kapitel 3)*

* Welche Empfindungen traten auf?
* Einschätzung des Entspannungsgrades von 0 bis 100.
* Gab es Probleme mit einzelnen Muskelgruppen?

*b) spezielle Nachbesprechung:*

* Wie war die Entspannung im Vergleich zur ersten Sitzung?

*Hausaufgabe*

* Ein Entspannungsignal überlegen:

  - ein Wort, das positiv besetzt ist (Urlaub, Ruhe, ...) oder
  - ein Wort, das neutral besetzt ist oder
  - ein Kunstwort (wenn möglich mit „dunklen" Vokalen)
  - wenn vorhanden: ein Entspannungssignal aus einem anderen Verfahren

* Hinweis: das Entspannungssignal hat von sich aus noch keinerlei Effekt auf die Entspannung, es erhält erst durch häufiges Üben Signalcharakter.

## 6.3 Dritte Sitzung
Lernschritt: Koppelung des Entspannungssignals an die muskuläre Entspannungsphase

*Vorbereitung*

*a) Erfahrungen beim selbständigen Üben besprechen*

*b) Allgemeine Vorbereitung: (siehe Kapitel 3)*

* Bequeme Lage einnehmen.
* Bewegungsfreiheit herstellen (Gürtel, Brille, Uhr, Ringe, Schuhe, ...).
* Hinweis: Husten, Niesen etc. nicht unterdrücken.
* Hinweis: Füße und Beine nicht so stark anspannen wie Hände und Arme.
* Evt. noch vorher auf die Toilette gehen.

*c) Spezielle Vorbereitung:*

* Ein Entspannungssignal überlegen:
  - ein Wort, das positiv besetzt ist (z. B. Urlaub, Ruhe, ...) oder
  - ein Wort, das neutral ist oder
  - ein Kunstwort (sollte nach Möglichkeit „dunkle" Vokale enthalten)
  - wenn vorhanden: Entspannungssignal aus einem anderen Entspannungsverfahren
  - Hinweis: Das Entspannungssignal hat von sich aus noch keinen Effekt auf die Entspannung, es erhält erst durch häufiges Üben Signalcharakter für Entspannung.
* Analogie für die Wirkung des Entspannungssignals:
  Geräusch des Zahnarztbohrers
* Demonstration der Abfolge am Beispiel der rechten Hand:
  Anspannen - Entspannungssignal - Entspannen- Entspannungssignal
* Die Teilnehmer üben den Ablauf mit der rechten Hand.
* Hinweis: Das Üben mit einem Entspannungssignal bindet Gedanken, die sonst evtl. störend sein könnten.
* Hinweis: die Teilnehmer steuern das Loslassen selber.

*Durchführung*

Text: „Anfangsform Liegend mit Entspannungssignal“ (S. 57)

*Nachbesprechung*

*a) Allgemeine Nachbesprechung: (siehe Kapitel 3)*

* Welche Empfindungen traten auf?
* Einschätzung des Entspannungsgrades von 0 bis 100.
* Gab es Probleme mit einzelnen Muskelgruppen?

*b) Spezielle Nachbesprechung:*

* Wie hat die Koppelung der muskulären Entspannung mit dem Entspannungssignal funktioniert?
* Es kann sein, daß das Signal am Anfang noch als störend empfunden wird. Hinweis: mit jeder weiteren Sitzung wird es weniger stören.
* Manchmal wechseln die Entspannungssignale. Die Teilnehmer sollen so lange mit Signalen experimentieren, bis sie ein passendes Signal gefunden haben.
* Wenn sich das Entspannungssignal auch in der Anspannungsphase aufdrängt: ein Signal bei Anspannung und eines bei Entspannung benutzen.

## Anfangsform Liegend mit Entspannungssignal

Legen Sie sich bequem auf Ihre Unterlage, korrigieren Sie Ihre Lage so, daß Sie bequem und druckfrei liegen und nichts an Ihrer Lage Sie noch stört. Legen Sie die Arme leicht angewinkelt hin, die Hände locker aufgelegt, die Finger liegen locker und leicht gekrümmt auf der Unterlage. Strecken Sie die Beine bequem aus, die Füße können von alleine etwas nach außen fallen, s(S)ie können sich dabei entspannen. Schließen Sie die Augen und versuchen Sie, an nichts zu denken, denken Sie an nichts Bestimmtes. Es gibt im Moment nichts zu tun, Sie können es sich erlauben, sich völlig auf das Gefühl der Entspannung zu konzentrieren. Konzentrieren Sie sich auf jeden Muskel Ihres Körpers, versuchen Sie, jeden Muskel zu spüren und ihn schon so gut wie möglich zu entspannen.

Atmen Sie dabei ruhig und tief, beim Einatmen wölbt sich die Bauchdecke nach außen (....), beim Ausatmen fällt sie nach innen ein (......). Das Gesicht kann ganz entspannt werden (.....). Die Zähne nicht aufeinanderbeißen (...).

Während Sie mir zuhören, brauchen Sie mir nicht genau zuzuhören, denn Sie werden auf jeden Fall verstehen, was ich meine. Entspannen Sie jeweils auf Ihr eigenes Entspannungssignal.

Spannen Sie jetzt Ihre rechte Hand fest zur Faust zum Zustand 100. Spannen Sie, verkrampfen Sie aber nicht. Von 100 wollen wir nun in 5 Schritten auf 0 zurückgehen, gehen Sie nun einmal auf den Zustand 80. Suchen Sie einen Zustand, der der Zahl 80 in etwa entspricht. Gehen Sie mit Ihrer inneren Beobachtung ganz in Ihre Hand hinein, versuchen Sie, diesen Zustand ganz genau festzulegen, dies ist jetzt der Zustand 80 (5). Von diesem wollen wir nun auf 60 heruntergehen. Suchen Sie diesen Zustand 60, und stellen Sie die Spannung in der rechten Hand auf 60 ein (5). Nun wollen wir von 60 auf 40 heruntergehen. Gehen Sie mit Ihrer ganzen inneren Beobachtung in ihre rechte Hand. Versuchen Sie, den Zustand 40 genau zu halten. Konzentrieren Sie sich so darauf, daß Sie alle anderen Gedanken beiseite lassen können, konzentrieren Sie Ihre ganze Aufmerksamkeit auf die rechte Hand. Wir sind beim Zustand 40. Gehen Sie nun auf den Zustand 20 herunter. Sie können eine leichte Spannung spüren, die in der rechten Hand verblieben ist (5), und gehen Sie jetzt noch einmal hinauf auf den Zustand 60. Versuchen Sie, diesen Zustand 60 genau zu treffen (5). Von 60 gehen Sie nun wieder auf 40 (5). Von 40 jetzt auf 80 hinauf (5) und nun von 80 auf 20 herunter (5). Und jetzt spannen Sie die rechte Hand noch einmal fest zur Faust, zur Zahl 100. Verkrampfen Sie die Hand nicht, aber spüren Sie genau die starke Anspannung (5). Gehen Sie jetzt durch jeden einzelnen Finger und spüren Sie genau, wie jeder Finger angespannt ist, wie Spannung in ihm steckt. Wenn ich gleich bis drei zähle, lassen Sie die Hand ganz locker und gehen auf den Zustand 0 herunter. Eins - zwei - drei (...) lassen Sie die Hand locker. Spüren Sie, wie die Kraft aus der Hand weicht, wie angenehm es sein kann, die Hand nicht mehr anstrengen zu müssen (.......). Gehen Sie mit Ihrer inneren Beobachtung ganz in Ihre rechte Hand hinein, versuchen Sie, jede Muskelfaser fallen zu lassen. Gehen Sie in Gedanken durch jeden einzelnen Finger und auch in das Handinnere (.......). Versuchen Sie nachzustellen, versuchen Sie, einzelne Muskelfasern noch mehr fallenzulassen (.....). Gehen Sie ganz in Ihre rechte Hand. Versuchen Sie, die Hand noch mehr fallen zu lassen. Lassen Sie die Hand noch mehr fallen (.....).

Der übrige Körper kann ganz unbeteiligt, locker und ruhig auf der Unterlage liegen. Atmen Sie ruhig und tief, bei jedem Ausatmen kann die Entspannung tiefer werden (........). Lassen sie das Gesicht sich entspannen (......), die Zähne nicht aufeinanderbeißen (....).

Sie können jetzt noch auf Ihre Gedanken achten, die Ihnen vielleicht noch durch den Kopf gehen, versuchen Sie nicht, sie gewaltsam wegzuschieben. Vielleicht können Sie - wie viele Menschen - einfach die Entscheidung treffen, den Gedanken nicht zu folgen, bis s(S)ie sie vergessen können und s(S)ie konzentrieren i(I)hre Aufmerksamkeit immer mehr auf das Entspannen der rechten Hand.

Jetzt wollen wir zur linken Hand übergehen. Spannen Sie die linke Hand auf 100 an und spüren Sie diesen Zustand. Sie können in Ihrer Hand spüren, wie anstrengend das ist. Sie können jeden einzelnen Finger spüren. Lassen Sie den übrigen Körper locker und unbeteiligt (5). Gehen Sie nun mit der linken Hand auf 80 (5), auf 60 herunter (5), dann auf 40 herunter (5) und auf 20 herunter (5), wieder hoch auf 40 (5), weiter hoch auf 80 (5), von 80 wieder auf 40 herunter (5), hinauf auf 60 (5) und wieder ganz angespannt auf 100. Spüren sie die Spannung. Gehen Sie mit Ihrer Wahrnehmung ganz in Ihre linke Hand (5). Lassen Sie die Hand nun auf Ihr Signal hin los, lassen Sie sie ganz fallen, jeden einzelnen Finger der linken Hand und jede einzelne Muskelfaser im Handinneren (.......). Gehen Sie in Gedanken durch jeden einzelnen Finger, gehen Sie in das Handinnere, lockern Sie jede Muskelfaser (......). Die beiden Hände können sich immer weiter entspannen.

Atmen Sie ruhig und tief, beim Einatmen wölbt sich die Bauchdecke nach außen (.....), beim Ausatmen fällt sie nach innen ein (.....). Das Gesicht kann ganz entspannt werden (...........). Die Zähne nicht aufeinanderbeißen (....).

Ballen Sie jetzt Ihre rechte Hand zur Faust. Spannen Sie sie zum Zustand 100 an (5). Halten Sie die Spannung. Achten Sie auf die Spannung in Ihrer Hand und in Ihrem Unterarm (5). Geben Sie sich nun Ihr eigenes Entspannungssignal und lassen Sie wieder los, lassen Sie Hand und Unterarm locker, ganz locker (.......). Achten Sie darauf, daß der Daumen entspannt ist (...), der Zeigefinger (...), der Mittelfinger (...), der Ringfinger (...) und der kleine Finger (...). Schließen Sie jetzt Ihre rechte Hand noch einmal zur Faust. Spannen Sie an und halten Sie die Spannung (5). Geben Sie sich nun Ihr eigenes Entspannungssignal, lassen Sie los und achten Sie auf den

Übergang von der Anspannung zur Entspannung (..........). Wiederholen Sie diese Übung mit der linken Hand. Schließen Sie die linke Hand fest zur Faust und achten Sie genau auf die Empfindungen, die bei der Anspannung entstehen (10). Und nun lassen Sie auf Ihr eigenes Entspannungssignal hin wieder locker (..........). Spüren Sie, wie angenehm es sein kann, wenn die Muskeln vom angespannten in den entspannten Zustand übergehen, wie s(S)ie immer entspannter werden (.......). Achten Sie auf die Entspannung in jedem einzelnen Finger, dem Daumen (.....), dem Zeigefinger (.....), dem Mittelfinger (.....), dem Ringfinger (.....) und dem kleinen Finger (.....) und bleiben Sie so entspannt (..........). Spannen Sie jetzt beide Hände und Unterarme an (5) und lassen Sie nun auf Ihr Entspannungssignal hin wieder locker (.......). Achten Sie auf den Übergang von der Anspannung zur Entspannung (.......).

Jetzt gehen wir zu den Armen. Beugen Sie jetzt beide Ellenbogen mit geballten Fäusten nach oben. Spannen Sie dabei die Oberarme fest an (5). Spannen Sie, und empfinden Sie die Gefühle dabei (5). Beobachten Sie die Spannung (5), geben Sie sich nun Ihr eigenes Entspannungssignal und strecken Sie die Arme wieder, s(S)ie können sich ganz entspannen (.....). Entspannen und genau auf den Unterschied achten (.......). Die Entspannung kann sich ausbreiten (.....). Jetzt noch einmal beide Fäuste ballen und die Ellenbogen aufbeugen, die Spannung festhalten und beobachten (10), nun wieder das Signal geben und entspannen (.....). Strecken Sie die Arme locker, entspannen Sie, entspannen Sie, so gut Sie können (.......). Der ganze Körper kann locker und ruhig auf der Unterlage liegen (.....). Atmen Sie ruhig und tief, beim Einatmen wölbt sich die Bauchdecke nach außen (...), beim Ausatmen fällt sie nach innen ein (.......). Stirn, Augen und Kiefer können sich lockern und entspannen (.....), s(S)ie können sich immer weiter entspannen.

Beobachten Sie jedesmal ganz genau Ihre Empfindungen, einmal wenn Sie anspannen und dann, wenn Sie entspannen (.....).

Drücken Sie jetzt die Hände ganz fest auf die Unterlage (5). Ganz aufdrücken, so daß Sie eine starke Spannung in den hinteren Oberarmen spüren können. Drücken Sie die Arme fest auf und fühlen Sie die Spannung im hinteren Oberarm (5), nun wieder das Entspannungssignal geben und entspannen (.....). Die Arme wieder bequem hinlegen (.....). Lassen Sie die Entspannung sich weiter ausbreiten (.....). Die Arme können sich angenehm anfühlen, während s(S)ie sich weiter entspannen (.....). Und noch einmal die Arme strecken, mit der flachen Hand fest auf die Unterlage drücken, so daß Sie die Spannung in den hinteren Oberarmen spüren (5). Drücken Sie ganz fest, fühlen Sie die Spannung (5) und nun auf das Signal hin wieder entspannen (.....). Konzentrieren Sie sich auf die reine Entspannung ohne jegliche Anspannung (.....). Legen Sie die Arme wieder bequem und leicht gekrümmt auf die Unterlage, s(S)ie können sich dabei weiter und weiter entspannen (.......).

Der Körper kann ganz locker und ruhig liegen (.....). Atmen Sie ruhig und tief, beim Einatmen wölbt sich die Bauchdecke nach außen (.....), beim Ausatmen fällt sie nach innen ein (.....). Mit jedem Ausatmen kann die Entspannung tiefer werden (...........). Augenlider und Kiefer können locker und entspannt sein (.....), versuchen Sie, noch ein wenig weiter zu gehen, s(S)ie können ein immer tieferes Gefühl der Entspannung erreichen (...........).

Ziehen Sie jetzt - während Sie die Unterarme auf der Unterlage liegen lassen - nur die Hände im Handgelenk nach oben, spannen Sie die Handgelenke an, indem Sie die Hände nach oben ziehen (5), geben Sie sich Ihr Entspannungssignal und lassen Sie nun wieder locker, entspannen Sie die Handgelenke, bis s(S)ie ganz locker sind (...........).

Während die Hände und Arme locker daliegen, können s(S)ie i(I)hre Entspannung immer deutlicher spüren (...........). Atmen Sie tief und ruhig, mit jedem Atemzug kann die Entspannung noch etwas tiefer werden (...........).

Jetzt arbeiten wir mit den Schultern weiter. Ziehen Sie die Schultern jetzt so weit es geht nach hinten, drücken Sie sie gegen die Unterlage (10) und lassen Sie sie nun wieder los (.....). Atmen Sie dabei ruhig und tief (...........). Ziehen Sie jetzt die Schultern nach vorne, so weit nach vorne, wie es geht (10) und lassen Sie die Schultern auf Ihr eigenes Entspannungssignal hin nun wieder fallen (...........). Gehen Sie nun ganz ruhig mit Ihren Gedanken durch die beiden Arme, von den Schultern bis zu den Fingerspitzen (...........), s(S)ie können dabei immer lockerer werden, indem Sie ihre Aufmerksamkeit darauf richten. Stellen Sie nach, lockern Sie, wenn sich wieder etwas verspannt hat (...........). Lassen Sie alles fallen. Die Arme können ganz locker auf der Unterlage liegen (...........). Sie brauchen keine Energie in den Armen zu lassen (...........), s(S)ie können sich immer weiter entspannen (...........).

Der übrige Körper kann locker und unbeteiligt sein (...........). Atmen Sie ruhig und tief, beim Einatmen wölbt sich die Bauchdecke nach außen (.....), beim Ausatmen fällt sie nach innen ein (.....). Mit jedem Ausatmen können Sie tiefer in die Entspannung sinken (...........). Augenlider und Kiefer können ganz locker werden, s(S)ie können sich zunehmend entspannen (...........).

Während die Arme in ihrem Entspannungszustand verbleiben, gehen wir zu den Beinen über. Wir beginnen mit den Füßen. Ziehen Sie zunächst beide Zehenreihen zum Körper heran. Zehenspitzen jetzt zum Körper hinziehen (5) und nun auf das Entspannungssignal wieder loslassen (...........). Jetzt die Zehenspitzen nach vorne einkrallen, so als wollten Sie einen Bleistift festhalten (3), verkrampfen Sie aber dabei nicht die Fußsohlen (3). Geben Sie sich Ihr Entspannungssignal und lassen Sie die Zehen nun wieder los (.....), gehen Sie nun in Gedanken in Ihre Fußsohlen (.....), entspannen Sie die dortigen Muskeln (.....), gehen Sie mit Ihrer ganzen Konzentration in die beiden Füße (.....). Lassen Sie los, ganz locker, lassen Sie die Füße fallen (.....), s(S)ie können dabei ganz locker werden.

Der ganze Körper kann locker und entspannt sein (.....). Atmen Sie ruhig und tief, wölben Sie die Bauchdecke beim Einatmen nach außen (....), beim Ausatmen fällt sie nach innen ein (.....). Mit jedem Ausatmen können Sie tiefer und tiefer in die Entspannung sinken (...........). Lockern Sie den Kiefer, lassen Sie die Augenlider locker auf den Augen ruhen (....), die Stirn kann locker und entspannt werden (...........).

Strecken Sie jetzt die Fußspitzen weit vom Körper weg nach unten aus (3), spannen Sie dabei die Unterschenkel fest an (5) und lassen Sie nun auf Ihr Entspannungssignal hin los (...........). Ziehen Sie jetzt die Fußspitzen zum Körper hin (3), spannen Sie die Unterschenkel, verkrampfen Sie aber dabei nicht (5), geben Sie sich Ihr Entspannungssignal und lassen Sie nun wieder los (.....). Lassen Sie die Unterschenkel ganz locker fallen (.....), entspannen Sie die Füße und die Unterschenkel (.....), lassen Sie sie ganz locker hängen (.....). Die Beine können ganz entspannt und locker auf der Unterlage liegen, s(S)ie können dabei zunehmend entspannter werden (...........).

Der übrige Körper ist ganz unbeteiligt (.....). Stirn, Augenlider und Kiefermuskeln können sich ganz locker entspannen, s(S)ie können sich ganz locker entspannen (...........). Atmen Sie ruhig und tief (...........). Mit jedem Ausatmen kann die Entspannung noch etwas tiefer werden (...........). Sie können sich locker und entspannt fühlen (...........). Die Bauchdecke wölbt sich beim Einatmen nach außen (.....), beim Ausatmen fällt sie nach innen ein (.....). Mit jedem Atemzug können Sie tiefer in die Entspannung sinken (.............................).

Wir kommen jetzt zum Rücken. Spannen Sie den Rücken jetzt an, indem Sie ein Hohlkreuz machen (3), indem Sie nur auf Nacken, Unterschenkel und Arme gestützt sind (3). Machen Sie ein Hohlkreuz, heben Sie das Gesäß (3) und lassen Sie sich nun auf Ihr Entspannungssignal hin wieder sinken (...........). Heben Sie noch einmal kurz das Kreuz vom Boden ab (5), geben Sie sich Ihr Entspannungssignal und lassen das Kreuz dann wieder sinken (.....). Sie können spüren, wie schwer der Körper ist, und lassen ihn mit seinem ganzen Gewicht auf die Unterlage drücken (...........). Halten Sie keine Muskelfaser mehr gespannt (.....), lockern Sie alle Muskelfasern links und rechts der Wirbelsäule, bis s(S)ie ganz entspannt sind (...........).
Atmen Sie ruhig und tief (...........), beim Einatmen wölbt sich die Bauchdecke nach außen (.....), beim Ausatmen fällt sie nach innen ein (.....). Mit jedem Atemzug können Sie spüren, wie die Entspannung tiefer werden kann (...........). Lassen Sie Augen und Lider ganz entspannt und locker werden, bis s(S)ie vollkommen entspannt sind (...........).

Jetzt gehen wir zum Bauch. Drücken Sie den Bauch jetzt ganz weit nach außen, spannen Sie die Bauchdecke, indem Sie den Bauch ganz weit nach außen wölben, atmen Sie dabei tief ein (5), geben Sie sich Ihr Entspannungssignal und lassen Sie nun wieder los (..........), achten Sie wieder auf den Übergang von der Anspannung zur Entspannung (...........). Drücken Sie jetzt den Bauch noch einmal weit nach außen (5) und lassen Sie nun auf Ihr eigenes Entspannungsignal wieder los (...........). Ziehen Sie jetzt den Bauch ganz weit ein und atmen Sie dabei ganz tief aus (5), den Bauch ganz weit einziehen (5), geben Sie sich Ihr Entspannungssignal und nun wieder loslassen (...........). Und jetzt noch einmal den Bauch ganz weit einziehen (5), dabei ganz tief ausatmen (5), und nun auf das Entspannungssignal wieder loslassen (...........). Entspannen Sie die Bauchmuskeln, s(S)ie können dabei immer lockerer und entspannter werden (...........).

Gehen Sie nun noch einmal durch beide Arme und kontrollieren Sie, ob sich irgendwo eine Verspannung eingeschlichen hat (...........). Gehen Sie in Gedanken durch die Schultern (...........), durch beide Arme (...........), durch die Handflächen (...........) bis in die Fingerspitzen (...........). Lassen Sie dabei alles locker werden, lassen Sie jede Muskelfaser fallen (...........). Atmen Sie ruhig und tief (...........). Gehen Sie in Gedanken auch noch einmal durch Ihre Beine (...........), der übrige Körper bleibt ganz unbeteiligt, kontrollieren Sie, ob sich in den Beinen irgendeine Spannung eingeschlichen hat (...........). Lassen Sie Stirn, Augen und Kiefer ganz locker, s(S)ie können mit jedem Ausatmen entspannter werden (.........................).

Wir gehen jetzt daran, mit dem Kopf zu üben. Der übrige Körper bleibt dabei ganz unbeteiligt. Ziehen Sie jetzt den Kopf nach vorne auf die Brust (5), geben Sie sich Ihr Entspannungssignal und lassen Sie den Kopf nun wieder los (...........). Spüren Sie, wie Sie den Hals soeben angespannt haben (.....). Pressen Sie jetzt den Kopf auf die Unterlage (5), spannen Sie den Hals auf der hinteren Seite an, drücken Sie ihn fest nach hinten (5) und lassen Sie nun auf Ihr Entspannungssignal hin wieder los (...........). Ziehen Sie jetzt den Kopf auf die linke Schulter, pressen Sie ihn so weit nach links, wie es geht (5), geben Sie sich Ihr Entspannungssignal und lassen Sie nun wieder los (...........). Ziehen Sie jetzt den Kopf mit aller Kraft auf die rechte Schulter (5) und lassen Sie nun auf Ihr Entspannungssignal wieder los (...........). Heben Sie jetzt den Kopf noch einmal auf die Brust (5) und lassen ihn nun auf das Entspannungssignal wieder los (...........). Gehen Sie nun mit Ihren Gedanken in den Hals, gehen Sie rings um den Hals herum und lassen Sie ihn ganz kraftlos werden (...........). Spüren Sie das Gewicht, mit dem der Kopf auf der Unterlage liegt (...........).

Der ganze Körper liegt mit seinem Gewicht auf der Unterlage und kann sich entspannen (...........). Atmen Sie dabei ruhig und tief (...........), beim Einatmen wölbt sich die Bauchdecke nach außen (.....), beim Ausatmen fällt sie nach innen ein (.....). Mit jedem Ausatmen können Sie spüren, wie die Entspannung tiefer werden kann (.........................). Stirn und Augenlider können sich lockern, s(S)ie können dabei immer entspannter werden (...........). Die Zähne können leicht geöffnet sein (.....), der Kiefer ist ganz locker (.....), im ganzen Körper braucht keinerlei Spannung mehr zu sein (...........).

Jetzt gehen wir zum Gesicht über. Beißen Sie ganz leicht - ohne zu verkrampfen - die Zähne aufeinander (5) und lassen Sie auf Ihr Entspannungssignal hin nun wieder los (.....). Ziehen Sie jetzt die Mundwinkel so weit wie möglich auseinander, machen Sie einen ganz breiten Mund (5), geben Sie sich Ihr Entspannungssignal und lassen Sie nun wieder los (...........). Schieben Sie jetzt den Mund nach vorne zu einem spitzen Mund zusammen, spitzen Sie die Lippen (5), geben Sie sich Ihr Signal und lassen Sie nun wieder los (...........). Entspannen Sie den Mund, nehmen Sie alle Kraft aus der Mundpartie weg (...........). Atmen Sie dabei ruhig und tief (...........), die Kiefermuskeln können sich dabei entspannen, s(S)ie können sich ganz entspannen.

Wir gehen jetzt zu den Augenbrauen. Ziehen Sie die Augenbrauen nach oben, indem Sie die Stirn nach oben runzeln (5), spannen Sie die Stirn an, gehen Sie mit Ihrer Wahrnehmung ganz in Ihre Stirn (5), geben Sie sich Ihr Entspannungssignal und lassen Sie nun wieder locker (...........). Ziehen Sie jetzt die Augenbrauen über der Nasenwurzel zusammen, so daß sich eine senkrechte Falte bildet (5), geben Sie sich Ihr Entspannungssignal und lassen Sie nun wieder los (...........). Versuchen Sie, die Stirn ganz glatt, locker und warm werden zu lassen, die Stirnhaut dabei zu entspannen (...........).

Atmen Sie dabei ruhig und tief, (...........) der übrige Körper bleibt ganz unbeteiligt (...........). Beim Einatmen wölbt sich die Bauchdecke nach außen (.....), beim Ausatmen fällt sie nach innen ein (.....). Während Sie sich auf die Atmung konzentrieren, kann die Entspannung immer tiefer werden (........................).

Kneifen Sie jetzt die Augen zusammen als würden Sie geblendet (5) und lassen Sie nun auf Ihr Entspannungssignal hin wieder los (...........). Halten Sie die Augen geschlossen, Sie können die Schwere der Augenlider auf den Augen spüren (.....), s(S)ie können noch entspannter werden.

Der übrige Körper bleibt davon ganz unbeteiligt. Atmen Sie ruhig und tief (...........), beim Einatmen wölbt sich die Bauchdecke nach außen (.....), beim Ausatmen fällt sie nach innen ein (.....). Sie können spüren, wie die Entspannung bei jedem Ausatmen tiefer werden kann (..........................).

Versuchen Sie jetzt - während Sie die Augen geschlossen halten - die Augäpfel nach links zu drehen, nach links ins Dunkel zu schauen (5), geben Sie sich Ihr Entspannungssignal und lassen Sie nun wieder los (...........). Schauen Sie jetzt mit geschlossenen Augen ganz nach rechts (5), geben Sie sich Ihr Entspannungssignal und lassen Sie nun wieder los (...........). Schauen Sie jetzt mit geschlossenen Augen ganz nach oben, so weit es möglich ist (5) und lassen Sie nun auf Ihr Signal hin wieder los (...........). Lassen Sie die Augäpfel ganz ruhig in ihren Aufhängungen hängen und entspannen Sie die Augen (...........). Pressen Sie jetzt die Zunge an den Gaumen (5), geben Sie sich Ihr eigenes Entspannungssignal und lassen Sie nun wieder los (...........).

Während Sie sich versichern, daß die Hals- und Nackenbereiche ganz locker sind, können s(S)ie sich immer weiter entspannen (...........). Entspannen Sie die Schultern (...........), die Kiefermuskeln (...........), die gesamte Gesichtsmuskulatur (...........). Halten Sie den Körper einige Zeit so entspannt (........................). Atmen Sie weiter ruhig und tief (...........). Nun können Sie noch tiefer entspannt werden, indem Sie sehr tief durch die Nase einatmen (...........) und ganz langsam durch den Mund wieder ausatmen (...........). Lassen Sie die Bauchdecke sich beim Einatmen nach außen wölben (...........) und beim Ausatmen nach innen einfallen (...........). Lassen Sie die Augen locker geschlossen (...........). Atmen Sie tief durch die Nase ein (...........) und ganz langsam durch den Mund wieder aus (...........).

Gehen Sie nun in Gedanken durch die beiden Arme, beobachten Sie dabei, ob sich irgendeine Verspannung in den linken oder rechten Arm eingeschlichen hat (...........). Beobachten Sie die Ruhe, das Verschwinden jeglicher Spannung (............................). Atmen Sie weiter tief durch die Nase ein (...........) und ganz langsam durch den Mund wieder aus (...........). Der Körper ist jetzt entspannt und locker (...........), Stirn, Augen und Kiefer können sich ganz entspannen, s(S)ie können sich mit jedem Atemzug weiter entspannen (.....................).

Manchen Menschen kann dieses Gefühl der Entspannung wie eine Garantie sein, die i(I)hnen sagt: „s(S)ie sind entspannt und gelassen, s(S)ie fühlen sich wohl und tanken in diesem Zustand der Entspannung neue Energie auf."

Atmen Sie weiter tief durch die Nase ein (.....) und ganz langsam durch den Mund wieder aus (.....).

Um die Übung zu beenden, werden wir wieder in 4 Schritten vorgehen:

Bewegen Sie jetzt die Hände (.........).
Bewegen Sie jetzt Hände und Arme (.......).
Bewegen Sie jetzt den ganzen Körper (......).
Und jetzt öffnen Sie die Augen (......).

Richten Sie sich langsam zum Sitzen auf.

## 6.4 Vierte Sitzung
Lernschritt: Koppelung des Entspannungssignals an die muskuläre Entspannungsphase

*Vorbereitung*

*a) Erfahrungen beim selbständigen Üben?*

*b) Allgemeine Vorbereitung: (siehe Kapitel 3)*

* Bequeme Lage einnehmen.
* Bewegungsfreiheit herstellen (Gürtel, Brille, Uhr, Ringe, Schuhe, ...).
* Husten, Niesen etc. nicht unterdrücken.
* Füße und Beine nicht so stark anspannen wie Hände und Arme.
* Evt. noch vorher auf die Toilette gehen

*c) Spezielle Vorbereitung:*

* Ein Entspannungssignal überlegen:
  - ein Wort, das positiv besetzt ist (z. B. Urlaub, Ruhe, ...) oder
  - ein Wort, das neutral ist oder
  - ein Kunstwort (sollte nach Möglichkeit „dunkle" Vokale enthalten)
  - wenn vorhanden: Entspannungssignal aus einem anderen Entspannungsverfahren
  - Hinweis: das Entspannungssignal hat von sich aus noch keinen Effekt auf die Entspannung, es erhält erst durch häufiges Üben Signalcharakter für Entspannung.

* Hinweis: bei der zweiten Sitzung mit dem Entspannungssignal ist die Entspannung meist tiefer.

*Durchführung*

Text: „Anfangsform Liegend mit Entspannungssignal" (S. 57)

*Nachbesprechung*

*a) Allgemeine Nachbesprechung: (siehe Kapitel 3)*

* Welche Empfindungen traten auf?
* Einschätzung des Entspannungsgrades von 0 bis 100.
* Gab es Probleme mit einzelnen Muskelgruppen?

*b) Spezielle Nachbesprechung:*

* Wie hat die Koppelung der muskulären Entspannung mit dem Entspannungssignal funktioniert?
* Es kann sein, daß das Signal am Anfang noch als störend empfunden wird. Hinweis: mit jeder weiteren Sitzung wird es weniger stören.
* Manchmal wechseln die Entspannungssignale. Die Teilnehmer sollen so lange mit Signalen experimentieren, bis sie ein passendes Signal gefunden haben.
* Wenn sich das Entspannungssignal auch in der Anspannungsphase aufdrängt: ein Signal bei Anspannung und eines bei Entspannung benutzen.

## 6.5 Fünfte Sitzung
Lernschritt: Koppelung der Atmung an das Entspannungssignal und an die muskuläre Entspannungsphase

*Vorbereitung*

*a) Erfahrungen beim selbständigen Üben?*

*b) Allgemeine Vorbereitung: (siehe Kapitel 3)*

* Bequeme Lage einnehmen.
* Bewegungsfreiheit herstellen (Gürtel, Brille, Uhr, Ringe, Schuhe, ...).
* Husten, Niesen etc. nicht unterdrücken.
* Füße und Beine nicht so stark anspannen wie Hände und Arme.
* Evtl. noch vorher auf die Toilette gehen.

*c) Spezielle Vorbereitung:*

* Hinweis: Die Koppelung mit der Atmung verstärkt erfahrungsgemäß den Entspannungseffekt.
* Einatmen ist mit körperlicher Aktivierung (Sauerstoffzufuhr) verbunden, Ausatmen mit körperlicher Entspannung. Die Koppelung der muskulären Entspannung mit der Atmung synchronisiert daher die Entspannung.
* Demonstration der Abfolge mit der rechten Hand:
  Anspannen - Einatmen - Entspannungssignal - Loslassen - Ausatmen
* Die Teilnehmer üben den Ablauf mit der rechten Hand.

*Wichtig:*
Die Teilnehmer steuern die Abfolge:
„Anspannen - Einatmen - Entspannungssignal - Loslassen - Ausatmen"
in ihrem eigenen Atemrhytmus, die Instruktion gibt nur den Anstoß dazu.
Wichtig ist, daß die Teilnehmer die obige Abfolge einhalten.

Wenn vorhanden: Demonstration des Effekts der Atmung auf die Entspannung mittels PGR - Feedbackgerät.

*Hinweis:*
Es kommt jetzt eine kürzere Version zum Einsatz, bei der die Abstufungsübung (Veränderung der Spannung in 20er Schritten) entfällt, es gibt nur noch die Anspannung 0 oder 100.

*Durchführung*

Text: „Grundform Liegend mit Entspannungssignal und Atmung" (S. 69)

*Nachbesprechung*

a) Allgemeine Nachbesprechung: (siehe Kapitel 3)

* Welche Empfindungen traten auf?
* Einschätzung des Entspannungsgrades von 0 bis 100.
* Gab es Probleme mit einzelnen Muskelgruppen?

b) Spezielle Nachbesprechung:

* Wie hat die Koppelung der Atmung mit der muskulären Entspannung und mit dem Entspannungssignal funktioniert?
* Wenn die Teilnehmer sehr lange anspannen muß u. U. während der Anspannungsphase mehrmals eingeatmet werden. Wichtig ist, daß vor dem Loslassen eingeatmet wird.
* Der eigene Rhythmus kann sich von dem Rhythmus der Instruktion unterscheiden. Dies ist nahezu zwangsläufig der Fall, da jeder Teilnehmer einen etwas anderen Rhythmus hat. Wichtig ist lediglich, daß die Abfolge: „Anspannen - Einatmen - Entspannungssignal - Loslassen - Ausatmen" eingehalten wird.

## Grundform Liegend mit Entspannungssignal und Atmung

Legen Sie sich bequem auf Ihre Unterlage, korrigieren Sie Ihre Lage so, daß Sie bequem und druckfrei liegen und nichts an Ihrer Lage Sie noch stört. Legen Sie die Arme leicht angewinkelt hin, die Hände locker aufgelegt, die Finger liegen locker und leicht gekrümmt auf der Unterlage. Strecken Sie die Beine bequem aus, die Füße können von alleine etwas nach außen fallen, s(S)ie können sich dabei entspannen. Schließen Sie die Augen und versuchen Sie, an nichts zu denken, denken Sie an nichts Bestimmtes.

Es gibt im Moment nichts zu tun, Sie können es sich erlauben, sich völlig auf das Gefühl der Entspannung zu konzentrieren. Konzentrieren Sie sich auf jeden Muskel Ihres Körpers, versuchen Sie, jeden Muskel zu spüren und ihn schon so gut wie möglich zu entspannen.

Atmen Sie dabei ruhig und tief, beim Einatmen wölbt sich die Bauchdecke nach außen (....), beim Ausatmen fällt sie nach innen ein (......). Das Gesicht kann ganz entspannt werden (.....). Die Zähne nicht aufeinanderbeißen (...).

Während Sie mir zuhören, brauchen Sie mir nicht genau zuzuhören, denn Sie werden auf jedem Fall verstehen, was ich meine. Entspannen Sie jeweils auf Ihr eigenes Entspannungssignal. Atmen Sie beim Anspannen ein und atmen Sie beim Loslassen aus.

Ballen Sie jetzt Ihre rechte Hand zur Faust. Spannen Sie sie zum Zustand 100 an (5). Halten Sie die Spannung. Achten Sie auf die Spannung in Ihrer Hand und in Ihrem Unterarm (5). Jetzt tief einatmen, die Spannung spüren - auf das eigene Signal loslassen und dabei tief ausatmen. Lassen Sie los, lassen Sie Hand und Unterarm locker, ganz locker (........). Achten Sie darauf, daß der Daumen entspannt ist (...), der Zeigefinger (...), der Mittelfinger (...), der Ringfinger (...) und der kleine Finger (...). Schließen Sie jetzt Ihre rechte Hand noch einmal zur Faust. Spannen Sie an und halten Sie die Spannung (5). Jetzt tief einatmen, die Spannung spüren - auf das eigene Signal loslassen und dabei tief ausatmen. Achten Sie auf den Übergang von der Anspannung zur Entspannung (.......).

Sie können jetzt noch auf Ihre Gedanken achten, die Ihnen vielleicht noch durch den Kopf gehen, versuchen Sie nicht, sie gewaltsam wegzuschieben. Vielleicht können Sie - wie viele Menschen - einfach die Entscheidung treffen, den Gedanken nicht zu folgen, bis s(S)ie sie vergessen können und s(S)ie konzentrieren i(I)hre Aufmerksamkeit immer mehr auf das Entspannen der rechten Hand.

Wiederholen Sie diese Übung mit der linken Hand. Schließen Sie die linke Hand fest zur Faust und achten Sie genau auf die Empfindungen, die bei der Anspannung entstehen (10). Jetzt tief einatmen, die Spannung spüren - auf das eigene Signal loslassen und dabei wieder tief ausatmen (.....). Spüren Sie, wie angenehm es sein kann, wenn die Muskeln vom angespannten in den entspannten Zustand übergehen, wie s(S)ie sich dabei zunehmend entspannen (...). Achten Sie auf die Entspannung in jedem einzelnen Finger, dem Daumen (...), dem Zeigefinger (...), dem Mittelfinger (...), dem Ringfinger (...) und dem kleinen Finger (...) und bleiben Sie so entspannt (......). Spannen Sie jetzt beide Hände und Unterarme an (5), jetzt wieder tief einatmen, die Spannung spüren - auf das eigene Signal loslassen und dabei tief ausatmen (......). Achten Sie auf den Übergang von der Anspannung zur Entspannung (......).

Nun kann es interessant sein, sich an die vorausgegangenen Entspannungssitzungen zu erinnern und sich dabei ins Gedächtnis zu rufen:
- wo Sie die Entspannung am deutlichsten wahrgenommen haben,
(.............................................)
- wie sich die Entspannung dabei anfühlt,
(..............................................)
- wie es sich anfühlen würde, wenn dieses Entspannungsgefühl jetzt wieder da sein kann.
(.......................................)

Jetzt gehen wir zu den Armen. Beugen Sie jetzt beide Ellenbogen mit geballten Fäusten nach oben. Spannen Sie dabei die Oberarme fest an (5). Spannen Sie, und empfinden Sie die Gefühle dabei (5). Beobachten Sie die Spannung. Jetzt tief einatmen, die Spannung spüren - auf das eigene Signal loslassen und dabei wieder tief ausatmen. Strecken Sie die Arme wieder (...), s(S)ie können sich zunehmend entspannen. Entspannen und genau auf den Unterschied achten (......). Die Entspannung kann sich ausbreiten. Jetzt noch einmal beide Fäuste ballen und die Ellenbogen aufbeugen, die Spannung festhalten und beobachten (5). Jetzt tief einatmen, die Spannung spüren - auf das eigene Signal loslassen und tief ausatmen. Strecken Sie die Arme locker, entspannen Sie, entspannen Sie, so gut Sie können (......). Der ganze Körper liegt locker und ruhig, unbeteiligt auf der Unterlage (....). Atmen Sie ruhig und tief, beim Einatmen wölbt sich die Bauchdecke nach außen (...), beim Ausatmen fällt sie nach innen (......). Atmen Sie jeweils beim Anspannen ein und atmen Sie beim Loslassen aus. Stirn, Augen und Kiefer können sich lockern und entspannen, bis s(S)ie ganz locker sind (......). Mit jedem Ausatmen können s(S)ie tiefer in die Entspannung sinken (........). Beobachten Sie jedesmal ganz genau Ihre Empfindungen, einmal wenn Sie anspannen und dann, wenn Sie entspannen (......).

Drücken Sie jetzt die Hände ganz fest auf die Unterlage (5). Ganz aufdrücken, so daß Sie eine starke Spannung in den hinteren Oberarmen spüren können. Drücken Sie die Arme fest auf, und fühlen Sie die Spannung im hinteren Oberarm (5), jetzt wieder tief einatmen, die Spannung spüren - auf das eigene Signal loslassen und dabei tief ausatmen. Die Arme wieder bequem hinlegen, bis s(S)ie ganz entspannt sind (....). Lassen Sie die Entspannung sich weiter ausbreiten (...). Die Arme können sich angenehm locker anfühlen, während s(S)ie sich entspannen (......). Und noch einmal die Arme strecken, mit der flachen Hand fest auf die Unterlage drücken, so daß Sie die Spannung in den hinteren Oberarmen spüren (5). Drücken Sie ganz fest, fühlen Sie die Spannung (5), jetzt wieder tief einatmen, die Spannung spüren - auf das eigene Signal loslassen und dabei tief ausatmen. Konzentrieren Sie sich auf die reine Entspannung ohne jegliche Anspannung (...). Legen Sie die Arme bequem und leicht gekrümmt auf die Unterlage. s(S)ie können sich weiter und weiter entspannen (......).

Ziehen Sie jetzt - während Sie die Unterarme auf der Unterlage liegen lassen - nur die Hände im Handgelenk nach oben (5), spannen Sie die Handgelenke an, indem Sie die Hände nach oben ziehen, jetzt tief einatmen, die Spannung spüren - auf das eigene Entspannungssignal wieder loslassen und dabei wieder tief ausatmen. Entspannen Sie die Handgelenke, bis s(S)ie ganz locker sind (.....). Während die Hände und Arme locker daliegen, können s(S)ie i(I)hre Entspannung immer deutlicher spüren (........).

Der Körper kann ganz locker und entspannt liegen (.....). Atmen Sie dabei ruhig und tief, beim Einatmen wölbt sich die Bauchdecke nach außen (....), beim Ausatmen fällt sie nach innen (......). Atmen Sie beim Anspannen ein und atmen Sie beim Loslassen aus. Mit jedem Ausatmen kann die Entspannung tiefer werden (.........). Augenlider und Kiefer können locker und entspannt sein (.....), s(S)ie können ein immer tieferes Gefühl der Entspannung erreichen (........). Indem Sie die Arme lockern, werden s(S)ie immer entspannter.

Jetzt arbeiten wir mit den Schultern weiter. Ziehen Sie jetzt die Schultern so weit es geht nach hinten, drücken Sie sie gegen die Unterlage (10). Jetzt wieder tief einatmen, die Spannung spüren - auf das eigene Signal loslassen und dabei tief ausatmen. Atmen Sie ruhig und tief (...). Ziehen Sie jetzt die Schultern nach vorne, so weit nach vorne wie es geht (10), jetzt tief einatmen, die Spannung spüren - auf das eigene Signal loslassen und tief ausatmen. Gehen Sie nun ganz ruhig mit Ihren Gedanken durch die beiden Arme, von den Schultern bis zu den Fingerspitzen (.......). Stellen Sie nach, lockern Sie, wenn sich wieder etwas verspannt hat (.........). Lassen Sie alles fallen. Die Arme können ganz locker auf der Unterlage liegen, während s(S)ie sich entspannen (...). Sie brauchen keine Energie in den Armen zu lassen (.....).

Der übrige Körper kann locker und unbeteiligt sein (.....). Atmen Sie ruhig und tief, beim Einatmen wölbt sich die Bauchdecke nach außen (....), beim Ausatmen fällt sie nach innen (........). Atmen Sie beim Anspannen ein und atmen Sie beim Loslassen aus. Mit jedem Ausatmen können Sie tiefer und tiefer in die Entspannung sinken (.........). Augenlider und Kiefer können ganz locker werden (.......).

Während die Arme in ihrem Entspannungszustand verbleiben, gehen wir zu den Beinen über. Wir beginnen wieder mit den Füßen. Ziehen Sie jetzt zunächst beide Zehenreihen zum Körper heran. Zehenspitzen zum Körper hinziehen (5), jetzt tief einatmen, die Spannung spüren - auf das eigene Signal loslassen und dabei tief ausatmen. Jetzt die Zehenspitzen nach vorne einkrallen, so als ob Sie einen Bleistift festhalten wollen (3), verkrampfen Sie aber dabei nicht die Fußsohlen (3). Jetzt tief einatmen, die Spannung spüren - auf das eigene Signal loslassen und tief ausatmen. Gehen Sie nun in Gedanken in die Fußsohlen (....), entspannen Sie die dortigen Muskeln (......), bis s(S)ie ganz entspannt sind. Gehen Sie mit Ihrer ganzen Konzentration in die beiden Füße (.....). Lassen Sie los, ganz locker, lassen Sie die Füße fallen, s(S)ie werden dabei immer entspannter (.....).

Der ganze Körper kann ruhig und entspannt sein (....). Atmen Sie ruhig und tief, wölben Sie die Bauchdecke beim Einatmen nach außen (....), beim Ausatmen fällt sie nach innen (.......). Atmen Sie beim Anspannen ein und atmen Sie beim Loslassen aus. Mit jedem Ausatmen können Sie tiefer und tiefer in die Entspannung sinken (.......). Lockern Sie den Kiefer, lassen Sie die Augenlider locker auf den Augen ruhen (....), die Stirn kann locker und entspannt werden (......).

Strecken Sie jetzt die Fußspitzen weit vom Körper weg nach unten aus (3), spannen Sie dabei die Unterschenkel fest an (5), jetzt tief einatmen, die Spannung spüren - auf das eigene Signal wieder loslassen und dabei tief ausatmen. Ziehen Sie jetzt die Fußspitzen zum Körper hin (3), spannen Sie die Unterschenkel, verkrampfen Sie aber dabei nicht (5), jetzt tief einatmen, die Spannung spüren - auf das eigene Signal loslassen und dabei tief ausatmen. Lassen Sie die Unterschenkel ganz locker fallen (.....). Entspannen Sie die Füße und Unterschenkel (.....). Lassen Sie sie ganz locker hängen (.....). Die Beine können ganz entspannt und locker auf der Unterlage liegen (.....), s(S)ie können dabei mit jedem Ausatmen entspannter werden.

Der übrige Körper ist ganz unbeteiligt (...). Stirn, Augenlider und Kiefermuskeln können sich ganz locker entspannen (.....), s(S)ie können sich ganz locker entspannen. Atmen Sie ruhig und tief (.......). Mit jedem Ausatmen kann die Entspannung noch etwas tiefer werden (........). Sie können sich locker und entspannt fühlen (........).

Die Bauchdecke wölbt sich beim Einatmen nach außen (....), beim Ausatmen fällt sie nach innen (.......). Atmen Sie beim Anspannen ein und atmen Sie beim Entspannen aus. Mit jedem Ausatmen können Sie noch tiefer in die Entspannung rutschen (.........).

Wir kommen jetzt zum Rücken. Spannen Sie jetzt den Rücken an, indem Sie ein Hohlkreuz machen (3), indem Sie nur auf Nacken, Unterschenkeln und Armen gestützt sind (2). Machen Sie ein Hohlkreuz, heben Sie das Gesäß (3). Jetzt tief einatmen, die Spannung spüren - auf das eigene Signal loslassen und dabei tief ausatmen. Heben Sie noch einmal kurz das Kreuz vom Boden ab (5), jetzt tief einatmen, die Spannung spüren - auf das eigene Signal loslassen und dabei tief ausatmen. Sie können spüren, wie schwer der Körper ist und lassen ihn mit seinem ganzen Gewicht auf die Unterlage drücken (.......). Halten Sie keine Muskelfaser mehr gespannt (...), lockern Sie alle Muskelfasern links und rechts der Wirbelsäule, bis s(S)ie ganz entspannt sind (..........).

Atmen Sie dabei weiter ruhig und tief (.....), beim Einatmen wölbt sich die Bauchdecke nach außen, beim Ausatmen fällt sie nach innen (........). Mit jedem Ausatmen wird die Entspannung noch etwas tiefer (...........). Lassen Sie Augenlider und Kiefer ganz entspannt und locker werden, bis s(S)ie vollkommen entspannt sind (.....).

Gehen Sie nun noch einmal durch beide Arme und kontrollieren Sie, ob sich irgendwo eine Verspannung eingeschlichen hat (.....). Gehen Sie in Gedanken durch die Schultern (.......), durch beide Arme (.....), durch die Handflächen (.....) bis in die Fingerspitzen (.........). Lassen Sie dabei alles locker werden (.....). Lassen Sie jede Faser fallen (......). Atmen Sie dabei ruhig und tief (.........). Gehen Sie auch in Ihren Gedanken noch einmal durch Ihre Beine (...........). Der Körper ist dabei locker und unbeteiligt (.....). Kontrollieren Sie, ob sich in den Beinen irgendeine Spannung eingeschlichen hat (.............). Lassen Sie Stirn, Augen und Kiefer ganz locker (........), stellen Sie nach, bis s(S)ie ganz locker sind.

Wir gehen jetzt daran, mit dem Kopf zu üben. Der übrige Körper bleibt dabei ganz unbeteiligt. Ziehen Sie jetzt den Kopf nach vorne auf die Brust (5), jetzt tief einatmen, die Spannung spüren - auf das eigene Signal loslassen und dabei tief ausatmen. Spüren Sie, wie Sie den Hals soeben angespannt haben (.....). Pressen Sie jetzt den Kopf auf die Unterlage (5). Spannen Sie den Hals auf der hinteren Seite, drücken Sie ihn fest nach hinten (5), jetzt tief einatmen, die Spannung spüren - auf das eigene Signal loslassen und dabei tief ausatmen. Atmen Sie weiter ruhig und tief (.........). Ziehen Sie jetzt den Kopf auf die linke Schulter, pressen Sie ihn so weit nach links, wie es geht (5). Jetzt wieder tief einatmen, die Spannung spüren - auf das eigene Signal loslassen und dabei wieder tief ausatmen. Ziehen Sie jetzt den Kopf mit aller Kraft auf die rechte Schulter (5), jetzt tief einatmen, die Spannung spüren - auf das eigene Signal loslassen und dabei wieder tief ausatmen (.....). Und noch einmal den Kopf auf die Brust heben (5), jetzt tief einatmen, die Spannung spüren - auf das eigene Signal loslassen und tief ausatmen. Gehen Sie nun mit Ihren Gedanken in den Hals (...), gehen Sie in Gedanken rings um den Hals herum und lassen Sie ihn ganz kraftlos werden (.......). Der Kopf kann ganz locker auf der Unterlage liegen (...).

Der ganze Körper liegt mit seinem Gewicht auf der Unterlage und kann sich entspannen (....). Atmen Sie dabei tief und ruhig (.....), beim Einatmen wölbt sich die Bauchdecke nach außen (....), beim Ausatmen fällt Sie nach innen (......). Mit jedem

Ausatmen können Sie spüren, wie die Entspannung tiefer werden kann (.........). Stirn und Augenlider können sich entspannen (...), s(S)ie können dabei immer lockerer werden. Die Zähne können leicht geöffnet sein (...), der Kiefer ist ganz locker (...). Im ganzen Körper braucht keinerlei Spannung mehr zu sein (..........).

Jetzt gehen wir zum Gesicht über. Beißen Sie ganz leicht - ohne zu verkrampfen - die Zähne aufeinander (5), jetzt tief einatmen, die Spannung spüren - auf das eigene Signal wieder loslassen und dabei tief ausatmen (.....). Atmen Sie tief und ruhig (.........). Pressen Sie jetzt die Lippen aufeinander, ganz fest (5), jetzt tief einatmen, die Spannung spüren - auf das eigene Signal loslassen und dabei tief ausatmen. Ziehen Sie jetzt die Mundwinkel so weit wie möglich auseinander, machen Sie einen ganz breiten Mund (5), jetzt tief einatmen, die Spannung spüren - auf das eigene Signal loslassen und dabei tief ausatmen. Atmen Sie tief und ruhig (........), der übrige Körper bleibt ganz unbeteiligt (.....). Schieben Sie jetzt den Mund nach vorn zu einem spitzen Mund zusammen, spitzen Sie die Lippen (5), jetzt tief einatmen, die Spannung spüren - auf das eigene Signal loslassen und tief ausatmen. Entspannen Sie den Mund, lassen Sie ihn hängen (...). Nehmen Sie alle Kraft aus der Mundpartie weg (.......). Atmen Sie dabei weiter ruhig und tief (........). Die Kiefermuskeln können sich ganz entspannen, s(S)ie können dabei ganz locker sein (.....).

Wir gehen jetzt zu den Augenbrauen. Ziehen Sie jetzt die Augenbrauen nach oben, indem Sie die Stirn nach oben runzeln. Spannen Sie die Stirn an, gehen Sie mit Ihrer Wahrnehmung ganz in die Stirn (5), jetzt tief einatmen, die Spannung spüren - auf das eigene Signal loslassen und dabei wieder tief ausatmen. Gehen Sie dem Gefühl der Entspannung genau nach (.....). Atmen Sie dabei weiter ruhig und tief (.........). Ziehen Sie jetzt die Augenbrauen über der Nasenwurzel zusammen, so daß sich eine senkrechte Falte bildet, runzeln Sie die Augenbrauen (5), jetzt tief einatmen, die Spannung spüren - auf das eigene Signal loslassen und tief ausatmen. Versuchen Sie, die Stirn ganz glatt, locker und warm werden zu lassen, die Stirnhaut zu entspannen (.......).

Atmen Sie dabei weiter ruhig und tief (.........), der übrige Körper bleibt ganz unbeteiligt (.....). Beim Einatmen wölbt sich die Bauchdecke nach außen (....), beim Ausatmen fällt sie nach innen (.........). Während Sie sich auf die Atmung konzentrieren, kann die Entspannung immer tiefer werden (.........).

Kneifen Sie jetzt die Augen zusammen, als würden Sie geblendet (5). Jetzt tief einatmen, die Spannung spüren - auf das eigene Signal loslassen und dabei tief ausatmen. Halten Sie die Augen locker geschlossen (..). Sie können die Schwere der Augenlider auf den Augen spüren (.....).

Der übrige Körper bleibt davon ganz unbeteiligt (.....). Atmen Sie weiter tief und ruhig, beim Einatmen wölbt sich die Bauchdecke nach außen (....), beim Ausatmen fällt sie nach innen ein (......). Sie können spüren, wie die Entspannung mit jedem Ausatmen tiefer werden kann (.......).

Versuchen Sie jetzt, während Sie die Augen geschlossen halten, die Augäpfel nach links zu drehen, nach links ins Dunkel zu schauen (5) und lassen Sie nun die Augäpfel auf das Entspannungssignal wieder los (...). Schauen Sie jetzt ganz nach rechts mit geschlossenen Augen (5), geben Sie sich Ihr Signal und lassen Sie nun wieder los (.....). Atmen Sie dabei weiter tief und ruhig (.........). Schauen Sie jetzt mit geschlossenen Augen ganz nach oben, so weit es möglich ist (5) und lassen Sie auf Ihr Signal nun wieder los (.....). Lassen Sie die Augäpfel nun ganz locker in ihren Aufhängungen hängen und entspannen Sie die Augen (.....). Pressen Sie jetzt die Zunge an den Gaumen (5), jetzt tief einatmen, die Spannung spüren - auf das eigene Entspannungssignal loslassen und wieder tief ausatmen (......).

Während Sie sich versichern, daß die Hals- und Nackenbereiche ganz locker sind, können s(S)ie sich immer tiefer entspannen (...........). Entspannen Sie die Schultern (........), die Kiefermuskeln (.........), die gesamte Gesichtsmuskulatur (........). Halten Sie den Körper einige Zeit so entspannt (.............). Atmen Sie dabei ruhig und tief (...........). Nun können Sie noch tiefer entspannt werden, indem Sie sehr tief durch die Nase einatmen (....) und ganz langsam durch den Mund ausatmen (.........). Lassen Sie die Bauchdecke sich beim Einatmen nach außen wölben (.....), und beim Ausatmen locker nach innen einfallen (.........). Lassen Sie die Augen geschlossen (...). Atmen Sie tief durch die Nase ein (.....) und atmen Sie langsam durch den Mund wieder aus (.........).

Gehen Sie nun in Gedanken durch die beiden Arme, und beobachten Sie dabei, ob sich irgendeine Spannung in den linken oder rechten Arm eingeschlichen hat (...........). Beobachten Sie die Ruhe, das Verschwinden jeglicher Spannung (...........). Atmen Sie weiter tief durch die Nase ein (.....) und ganz langsam durch den Mund aus (.........). Der Körper ist jetzt entspannt und locker (.........). Stirn, Augenlider und Kiefer können sich weiter und weiter lockern, und s(S)ie können dabei ganz entspannt sein (..........). Atmen Sie weiter tief durch die Nase ein (.....) und ganz langsam durch den Mund wieder aus (.........). Sie können sich weiter und weiter entspannen (...........).

Wir konzentrieren uns nun weiter auf die Atmung:
Konzentrieren Sie sich dabei auf das Ausatmen und geben Sie sich bei jedem tiefen Ausatmen Ihr Entspannungssignal.
(..............................................................................)
Beim Einatmen wölbt sich die Bauchdecke nach außen, beim Ausatmen fällt sie nach innen.
(..............................................................................)
Während Sie sich auf die Atmung konzentrieren, kann die Entspannung noch tiefer werden.

(..............................................................................)
Atmen Sie tief durch die Nase ein und ganz langsam durch den Mund wieder aus. Geben Sie sich dabei bei jedem tiefen Ausatmen Ihr Entspannungssignal.
(..............................................................................)
Beim Einatmen wölbt sich die Bauchdecke nach außen, beim Ausatmen fällt sie nach innen.
(..............................................................................)
Geben Sie sich weiter bei jedem tiefen Ausatmen Ihr Entspannungssignal.
(................................................................................)

Nun können Sie noch weiter entspannt werden, indem Sie beim Einatmen Ihre Atemzüge zählen, und sich beim Ausatmen weiter Ihr Entspannungssignal geben. Zählen Sie einfach bei jedem Einatmen die Atemzüge und geben Sie sich bei jedem tiefen Ausatmen weiter Ihr Entspannungssignal, achten Sie darauf, wie die Entspannung dabei mit jedem Ausatmen zunehmend tiefer werden kann.
(.........................................................................................................................
.........................................)

Zählen Sie einfach bei jedem Einatmen die Atemzüge und geben Sie sich bei jedem tiefen Ausatmen Ihr Entspannungssignal. Achten Sie darauf, wie die Entspannung dabei mit jedem Ausatmen zunehmend tiefer werden kann.

Manchen Menschen kann dieses Gefühl der Entspannung wie eine Garantie sein, die i(I)hnen sagt: „s(S)ie sind vollkommen entspannt und gelassen, s(S)ie fühlen sich wohl und tanken in diesem Zustand der Entspannung neue Energien auf."

Um die Übung zu beenden, werden wir wieder in 4 Schritten vorgehen:

Bewegen Sie jetzt die Hände (.........).
Bewegen Sie jetzt Hände und Arme (.......).
Bewegen Sie jetzt den ganzen Körper (......).
Und jetzt öffnen Sie die Augen (......).

Richten Sie sich langsam zum Sitzen auf.

## 6.6 Sechste Sitzung
Lernschritt: Koppelung der Atmung an das Entspannungssignal und an die muskuläre Entspannungsphase

*Vorbereitung*

*a) Erfahrungen beim selbständigen Üben?*

*b) Allgemeine Vorbereitung: (siehe Kapitel 3)*

* Bequeme Lage einnehmen.
* Bewegungsfreiheit herstellen (Gürtel, Brille, Uhr, Ringe, Schuhe, ...).
* Husten, Niesen etc. nicht unterdrücken.
* Füße und Beine nicht so stark anspannen wie Hände und Arme.
* Evtl. noch vorher auf die Toilette gehen.

*c) Spezielle Vorbereitung:*

* Hinweis: Die Koppelung mit der Atmung verstärkt erfahrungsgemäß den Entspannungseffekt.
* Einatmen ist mit körperlicher Aktivierung (Sauerstoffzufuhr) verbunden, Ausatmen mit körperlicher Entspannung. Die Koppelung der muskulären Entspannung mit der Atmung synchronisiert daher die Entspannung.

*Wichtig:*
Die Teilnehmer steuern die Abfolge:
„Anspannen - Einatmen - Entspannungssignal - Loslassen - Ausatmen"
in ihrem eigenen Atemrhythmus, die Instruktion gibt nur den Anstoß dazu.
Wichtig ist, daß die Teilnehmer die obige Abfolge einhalten.

*Durchführung*

Text: „Grundform Liegend mit Entspannungssignal und Atmung" (S. 69)

*Nachbesprechung*

*a) Allgemeine Nachbesprechung: (siehe Kapite 3)*

* Welche Empfindungen traten auf?
* Einschätzung des Entspannungsgrades von 0 bis 100.
* Gab es Probleme mit einzelnen Muskelgruppen?

*b) Spezielle Nachbesprechung:*

* Wie hat die Koppelung der Atmung mit der muskulären Entspannung und mit dem Entspannungssignal funktioniert?
* Wenn die Teilnehmer sehr lange anspannen muß u. U. während der Anspannungsphase mehrmals eingeatmet werden. Wichtig ist, daß vor dem Loslassen eingeatmet wird.
* Der eigene Rhythmus kann sich von dem Rhythmus der Instruktion unterscheiden. Dies ist nahezu zwangsläufig der Fall, da jeder Teilnehmer einen etwas anderen Rhythmus hat. Wichtig ist lediglich, daß die Abfolge: „Anspannen - Einatmen - Entspannungssignal - Loslassen - Ausatmen“ eingehalten wird.

*Hausaufgabe*

* Die Teilnehmer überlegen sich eine erinnerte Sequenz, von der sie glauben daß sie eine entspannende Wirkung hat (z. B. Urlaub, Badewanne, ...).
* Nach Möglichkeit sollte die Szene selber erlebt worden sein.
* Mit der Erinnerung an diese Szene sollten positive Gefühle verbunden sein.
* Hinweis: über den Inhalt der Vorstellung wird nicht in der Gruppe geredet.

## 6.7 Siebte Sitzung
Lernschritt: Koppelung der Atmung an das Entspannungssignal und an die muskuläre Entspannungsphase, danach Visualisierung

*Vorbereitung*

*a) Erfahrungen beim selbständigen Üben?*

*b) Allgemeine Vorbereitung: (siehe Kapitel 3)*

* Bequeme Lage einnehmen.
* Bewegungsfreiheit herstellen (Gürtel, Brille, Uhr, Ringe, Schuhe, ...).
* Husten, Niesen etc. nicht unterdrücken.
* Füße und Beine nicht so stark anspannen wie Hände und Arme.
* Evtl. noch vorher auf die Toilette gehen.

*c) Spezielle Vorbereitung:*

* Die Teilnehmer überlegen sich eine erinnerte Sequenz, von der sie glauben, daß sie eine entspannende Wirkung hat (z. B. Urlaub, Badewanne, ...).
* Nach Möglichkeit sollte die Szene selber erlebt worden sein.
* Mit der Erinnerung an diese Szene sollten positive Gefühle verbunden sein.
* Hinweis: über den Inhalt der Vorstellung wird nicht in der Gruppe geredet.
* Demonstration der submodalen Abfrage, die Teilnehmer beantworten die Fragen für sich.
  Beispiele:
  - ist es eher hell oder eher dunkel?
  - sind die Farben eher kräftig oder eher pastellfarbig?
  - welches ist die vorherrschende Farbe?

*Durchführung*

Text: „Grundform Liegend mit Entspannungssignal, Atmung und Visualisierung“ (S. 81)

*Nachbesprechung*

*a) Allgemeine Nachbesprechung: (siehe Kapitel 3)*

* Welche Empfindungen traten auf?
* Einschätzung des Entspannungsgrades von 0 bis 100.
* Gab es Probleme mit einzelnen Muskelgruppen?

*b) Spezielle Nachbesprechung:*

* Wie hat die Koppelung der Atmung mit der muskulären Entspannung und mit dem Entspannungssignal funktioniert?
* Wie deutlich war die Vorstellung der Szene?
* Wenn die Szene nicht wirklich entspannend war, kann das nächste Mal eine andere Szene ausprobiert werden.

*Hausaufgabe*

* Evtl. eine neue Szene überlegen.

## Grundform Liegend mit Entspannungssignal, Atmung und Visualisierung

Legen Sie sich bequem auf Ihre Unterlage, korrigieren Sie Ihre Lage so, daß Sie bequem und druckfrei liegen und nichts an Ihrer Lage Sie noch stört. Legen Sie die Arme leicht angewinkelt hin, die Hände locker aufgelegt, die Finger liegen locker und leicht gekrümmt auf der Unterlage. Strecken Sie die Beine bequem aus, die Füße können von alleine etwas nach außen fallen, s(S)ie können sich dabei entspannen. Schließen Sie die Augen und versuchen Sie, an nichts zu denken, denken Sie an nichts Bestimmtes. Es gibt im Moment nichts zu tun, Sie können es sich erlauben, sich völlig auf das Gefühl der Entspannung zu konzentrieren. Konzentrieren Sie sich auf jeden Muskel Ihres Körpers, versuchen Sie, jeden Muskel zu spüren und ihn schon so gut wie möglich zu entspannen.

Atmen Sie dabei ruhig und tief, beim Einatmen wölbt sich die Bauchdecke nach außen (....), beim Ausatmen fällt sie nach innen ein (......). Das Gesicht kann ganz entspannt werden (.....). Die Zähne nicht aufeinanderbeißen (....).

Während Sie mir zuhören, brauchen Sie mir nicht genau zuzuhören, denn Sie werden auf jeden Fall verstehen, was ich meine.

Entspannen Sie jeweils auf Ihr eigenes Entspannungssignal.
Atmen Sie beim Anspannen ein und atmen Sie beim Loslassen aus.

Ballen Sie jetzt Ihre rechte Hand zur Faust. Spannen Sie sie zum Zustand 100 an (5). Halten Sie die Spannung. Achten Sie auf die Spannung in Ihrer Hand und in Ihrem Unterarm (5). Jetzt tief einatmen, die Spannung spüren - auf das eigene Signal loslassen und dabei tief ausatmen. Lassen Sie los, lassen Sie Hand und Unterarm locker, ganz locker (............). Achten Sie darauf, daß der Daumen entspannt ist (.....), der Zeigefinger (.....), der Mittelfinger (.....), der Ringfinger (.....) und der kleine Finger (.....). Schließen Sie jetzt Ihre rechte Hand noch einmal zur Faust. Spannen Sie an und halten Sie die Spannung (5). Jetzt tief einatmen, die Spannung spüren - auf das eigene Signal loslassen und dabei tief ausatmen. Achten Sie auf den Übergang von der Anspannung zur Entspannung (...........).

Sie können jetzt noch auf Ihre Gedanken achten, die Ihnen vielleicht noch durch den Kopf gehen, versuchen Sie nicht, sie gewaltsam wegzuschieben. Vielleicht können Sie - wie viele Menschen - einfach die Entscheidung treffen, den Gedanken nicht zu folgen, bis s(S)ie sie vergessen können und s(S)ie konzentrieren i(I)hre Aufmerksamkeit immer mehr auf das Entspannen der rechten Hand.

Wiederholen Sie diese Übung mit der linken Hand. Schließen Sie die linke Hand fest zur Faust und achten Sie genau auf die Empfindungen, die bei der Anspannung entstehen (10). Jetzt tief einatmen, die Spannung spüren - auf das eigene Signal loslassen und dabei wieder tief ausatmen (.....). Spüren Sie, wie angenehm es sein kann, wenn die Muskeln vom angespannten in den entspannten Zustand übergehen, wie s(S)ie sich dabei zunehmend entspannen (.....). Achten Sie auf die Entspannung in jedem einzelnen Finger, dem Daumen (.....), dem Zeigefinger (.....), dem Mittelfinger (.....), dem Ringfinger (.....) und dem kleinen Finger (....) und bleiben Sie so entspannt (......). Spannen Sie jetzt beide Hände und Unterarme an (5), jetzt wieder tief einatmen, die Spannung spüren - auf das eigene Signal loslassen und dabei tief ausatmen (......). Achten Sie auf den Übergang von der Anspannung zur Entspannung (......).

Nun kann es interessant sein, sich an die vorausgegangenen Entspannungssitzungen zu erinnern und sich dabei ins Gedächtnis zu rufen:
- wo Sie die Entspannung am deutlichsten wahrgenommen haben,
(..............................................)
- wie sich die Entspannung dabei anfühlt,
(..............................................)
- wie es sich anfühlen würde, wenn dieses Entspannungsgefühl jetzt wieder da sein kann.
(.......................................)

Jetzt gehen wir zu den Armen. Beugen Sie jetzt beide Ellenbogen mit geballten Fäusten nach oben. Spannen Sie dabei die Oberarme fest an (5). Spannen Sie, und empfinden Sie die Gefühle dabei (5). Beobachten Sie die Spannung. Jetzt tief einatmen, die Spannung spüren - auf das eigene Signal loslassen und dabei wieder tief ausatmen. Strecken Sie die Arme wieder (.....), s(S)ie können sich zunehmend entspannen. Entspannen und genau auf den Unterschied achten (......). Die Entspannung kann sich ausbreiten. Jetzt noch einmal beide Fäuste ballen und die Ellenbogen aufbeugen, die Spannung festhalten und beobachten (10). Jetzt tief einatmen, die Spannung spüren - auf das eigene Signal loslassen und tief ausatmen. Strecken Sie die Arme locker, entspannen Sie, entspannen Sie, so gut Sie können (......).

Der ganze Körper liegt locker und ruhig, unbeteiligt auf der Unterlage (....). Atmen Sie ruhig und tief, beim Einatmen wölbt sich die Bauchdecke nach außen (.....), beim Ausatmen fällt sie nach innen (......). Atmen Sie jeweils beim Anspannen ein und atmen Sie beim Loslassen aus. Stirn, Augen und Kiefer können sich lockern und entspannen, bis s(S)ie ganz locker sind (......). Mit jedem Ausatmen können s(S)ie tiefer in die Entspannung sinken (........). Beobachten Sie jedesmal ganz genau Ihre Empfindungen, einmal wenn Sie anspannen und dann, wenn Sie entspannen (......).

Drücken Sie jetzt die Hände ganz fest auf die Unterlage (5). Ganz aufdrücken, so daß Sie eine starke Spannung in den hinteren Oberarmen spüren können. Drücken Sie die Arme fest auf, und fühlen Sie die Spannung im hinteren Oberarm (5), jetzt wieder tief einatmen, die Spannung spüren - auf das eigene Signal loslassen und dabei tief ausatmen. Die Arme wieder bequem hinlegen, bis s(S)ie ganz entspannt sind (....). Lassen Sie die Entspannung sich weiter ausbreiten (.....). Die Arme können sich angenehm locker anfühlen, während s(S)ie sich entspannen (......). Und noch einmal die Arme strecken, mit der flachen Hand fest auf die Unterlage drücken, so daß Sie die Spannung in den hinteren Oberarmen spüren (5). Drücken Sie ganz fest, fühlen Sie die Spannung (5), jetzt wieder tief einatmen, die Spannung spüren - auf das eigene Signal loslassen und dabei tief ausatmen. Konzentrieren Sie sich auf die reine Entspannung ohne jegliche Anspannung (.....). Legen Sie die Arme bequem und leicht gekrümmt auf die Unterlage. s(S)ie können sich weiter und weiter entspannen (......).

Ziehen Sie jetzt - während Sie die Unterarme auf der Unterlage liegen lassen - nur die Hände im Handgelenk nach oben (5), spannen Sie die Handgelenke an, indem Sie die Hände nach oben ziehen. Jetzt tief einatmen, die Spannung spüren - auf das eigene Entspannungssignal wieder loslassen und dabei tief ausatmen. Entspannen Sie die Handgelenke, bis s(S)ie ganz locker sind (.....). Während die Hände und Arme locker daliegen, können s(S)ie i(I)hre Entspannung immer deutlicher spüren (........).

Der Körper kann ganz locker und entspannt liegen (.....). Atmen Sie dabei ruhig und tief, beim Einatmen wölbt sich die Bauchdecke nach außen (....), beim Ausatmen fällt sie nach innen (......). Atmen Sie beim Anspannen ein und atmen Sie beim Loslassen aus. Mit jedem Ausatmen kann die Entspannung tiefer werden (..............). Augenlider und Kiefer können locker und entspannt sein (.....), s(S)ie können ein immer tieferes Gefühl der Entspannung erreichen (........). Indem Sie die Arme lockern, werden s(S)ie immer entspannter.

Jetzt arbeiten wir mit den Schultern weiter. Ziehen Sie jetzt die Schultern so weit es geht nach hinten, drücken Sie sie gegen die Unterlage (10). Jetzt wieder tief einatmen, die Spannung spüren - auf das eigene Signal loslassen und dabei tief ausatmen. Atmen Sie ruhig und tief (.....). Ziehen Sie jetzt die Schultern nach vorne, so weit nach vorne wie es geht (10), jetzt tief einatmen, die Spannung spüren - auf das eigene Signal loslassen und tief ausatmen. Gehen Sie nun ganz ruhig mit Ihren Gedanken durch die beiden Arme, von den Schultern bis zu den Fingerspitzen (.......). Stellen Sie nach, lockern Sie, wenn sich wieder etwas verspannt hat (.........). Lassen Sie alles fallen. Die Arme können ganz locker auf der Unterlage liegen, während s(S)ie sich entspannen (...). Sie brauchen keine Energie in den Armen zu lassen (.....).

Der übrige Körper kann locker und unbeteiligt sein (.....). Atmen Sie ruhig und tief, beim Einatmen wölbt sich die Bauchdecke nach außen (....), beim Ausatmen fällt sie nach innen (........). Atmen Sie beim Anspannen ein und atmen Sie beim Loslassen aus. Mit jedem Ausatmen können Sie tiefer und tiefer in die Entspannung sinken (.........). Augenlider und Kiefer können ganz locker werden (.......).

Während die Arme in ihrem Entspannungszustand verbleiben, gehen wir zu den Beinen über. Wir beginnen wieder mit den Füßen. Ziehen Sie jetzt zunächst beide Zehenreihen zum Körper heran. Zehenspitzen jetzt zum Körper hinziehen (5). Jetzt tief einatmen, die Spannung spüren - auf das eigene Signal loslassen und dabei tief ausatmen. Jetzt die Zehenspitzen nach vorne einkrallen, so als ob Sie einen Bleistift festhalten wollen (3), verkrampfen Sie aber dabei nicht die Fußsohlen (3). Jetzt tief einatmen, die Spannung spüren - auf das eigene Signal loslassen und tief ausatmen. Gehen Sie nun in Gedanken in die Fußsohlen (....), entspannen Sie die dortigen Muskeln (......), bis s(S)ie ganz entspannt sind. Gehen Sie mit Ihrer ganzen Konzentration in die beiden Füße (.....). Lassen Sie los, ganz locker, lassen Sie die Füße fallen, s(S)ie werden dabei immer entspannter (.....).

Der ganze Körper kann ruhig und entspannt sein (....). Atmen Sie ruhig und tief, wölben Sie die Bauchdecke beim Einatmen nach außen (....), beim Ausatmen fällt sie nach innen (.......). Atmen Sie beim Anspannen ein und atmen Sie beim Loslassen aus. Mit jedem Ausatmen können Sie tiefer und tiefer in die Entspannung sinken (.......). Lockern Sie den Kiefer, lassen Sie die Augenlider locker auf den Augen ruhen (....), die Stirn kann locker und entspannt werden (......).

Strecken Sie jetzt die Fußspitzen weit vom Körper weg nach unten aus (3), spannen Sie die Unterschenkel dabei fest an (5). Jetzt tief einatmen, die Spannung spüren - auf das eigene Signal wieder loslassen und dabei tief ausatmen. Ziehen Sie jetzt die Fußspitzen zum Körper hin (3), spannen Sie die Unterschenkel, verkrampfen Sie aber dabei nicht (5). Jetzt tief einatmen, die Spannung spüren - auf das eigene Signal loslassen und dabei tief ausatmen. Lassen Sie die Unterschenkel ganz locker fallen (.....). Entspannen Sie die Füße und Unterschenkel (.....). Lassen Sie sie ganz locker hängen (.....). Die Beine können ganz entspannt und locker auf der Unterlage liegen (.....), s(S)ie können dabei mit jedem Ausatmen entspannter werden.

Der übrige Körper ist ganz unbeteiligt (.....). Stirn, Augenlider und Kiefermuskeln können sich ganz locker entspannen (.....), s(S)ie können sich ganz locker entspannen. Atmen Sie ruhig und tief (.......). Mit jedem Ausatmen kann die Entspannung noch etwas tiefer werden (........). Sie können sich locker und entspannt fühlen (........).

Die Bauchdecke wölbt sich beim Einatmen nach außen (.....), beim Ausatmen fällt sie nach innen (.......). Atmen Sie beim Anspannen ein und atmen Sie beim Entspannen aus. Mit jedem Ausatmen können Sie noch tiefer in die Entspannung rutschen (..................).

Wir kommen jetzt zum Rücken. Spannen Sie jetzt den Rücken an, indem Sie ein Hohlkreuz machen (3), indem Sie nur auf Nacken, Unterschenkeln und Armen gestützt sind (2). Machen Sie ein Hohlkreuz, heben Sie das Gesäß (3). Jetzt tief einatmen, die Spannung spüren - auf das eigene Signal loslassen und dabei tief ausatmen. Heben Sie noch einmal kurz das Kreuz vom Boden ab (5), jetzt tief einatmen, die Spannung spüren - auf das eigene Signal loslassen und dabei tief ausatmen. Sie können spüren, wie schwer der Körper ist und lassen ihn mit seinem ganzen Gewicht auf die Unterlage drücken (.......). Halten Sie keine Muskelfaser mehr gespannt (.....), lockern Sie alle Muskelfasern links und rechts der Wirbelsäule, bis s(S)ie ganz entspannt sind (..........).

Atmen Sie dabei weiter ruhig und tief (.....), beim Einatmen wölbt sich die Bauchdecke nach außen, beim Ausatmen fällt sie nach innen (........). Mit jedem Ausatmen wird die Entspannung noch etwas tiefer (...........). Lassen Sie Augenlider und Kiefer ganz entspannt und locker werden, bis s(S)ie vollkommen entspannt sind (.....).
Gehen Sie nun noch einmal durch beide Arme und kontrollieren Sie, ob sich irgendwo eine Verspannung eingeschlichen hat (.....). Gehen Sie in Gedanken durch die Schultern (.......), durch beide Arme (.....), durch die Handflächen (.....) bis in die Fingerspitzen (.........). Lassen Sie dabei alles locker werden (.....). Lassen Sie jede Faser fallen (......). Atmen Sie dabei ruhig und tief (.........). Gehen Sie auch in Ihren Gedanken noch einmal durch Ihre Beine (...........). Der Körper ist dabei locker und unbeteiligt (.....). Kontrollieren Sie, ob sich in den Beinen irgendeine Spannung eingeschlichen hat (.............). Lassen Sie Stirn, Augen und Kiefer ganz locker (........), stellen Sie nach, bis s(S)ie ganz locker sind.

Wir gehen jetzt daran, mit dem Kopf zu üben. Der übrige Körper bleibt dabei ganz unbeteiligt. Ziehen Sie jetzt den Kopf nach vorne auf die Brust (5). Jetzt tief einatmen, die Spannung spüren - auf das eigene Signal loslassen und dabei tief ausatmen. Spüren Sie, wie Sie den Hals soeben angespannt haben (.....). Pressen Sie jetzt den Kopf auf die Unterlage (5). Spannen Sie den Hals auf der hinteren Seite, drücken Sie ihn fest nach hinten (5), jetzt tief einatmen, die Spannung spüren - auf das eigene Signal loslassen und dabei tief ausatmen. Atmen Sie weiter ruhig und tief (.........). Ziehen Sie jetzt den Kopf auf die linke Schulter, pressen Sie ihn so weit nach links, wie es geht (5). Jetzt wieder tief einatmen, die Spannung spüren - auf das eigene Signal loslassen und dabei wieder tief ausatmen. Ziehen Sie jetzt den Kopf mit aller Kraft auf die rechte Schulter (5), jetzt tief einatmen, die Spannung spüren - auf das eigene Signal loslassen und dabei wieder tief ausatmen (.....). Und noch einmal den Kopf auf die Brust heben (5), jetzt tief einatmen, die Spannung spüren - auf das eigene Signal loslassen und tief ausatmen. Gehen Sie nun mit Ihren Gedanken in den Hals (.....), gehen Sie in Gedanken rings um den Hals herum und lassen Sie ihn ganz kraftlos werden (.......). Der Kopf kann ganz schwer auf der Unterlage liegen (.....).

Der ganze Körper liegt mit seinem Gewicht auf der Unterlage und kann sich entspannen (....). Atmen Sie dabei tief und ruhig (.....), beim Einatmen wölbt sich die Bauchdecke nach außen (....), beim Ausatmen fällt Sie nach innen (......). Mit jedem Ausatmen können Sie spüren, wie die Entspannung tiefer werden kann (.........). Stirn und Augenlider können sich lockern (.....), s(S)ie können dabei immer entspannter werden.
Die Zähne können leicht geöffnet sein (.....), der Kiefer ist ganz locker (.....). Im ganzen Körper braucht keinerlei Spannung mehr zu sein (..........).

Jetzt gehen wir zum Gesicht über. Beißen Sie ganz leicht - ohne zu verkrampfen - die Zähne aufeinander (5), jetzt tief einatmen, die Spannung spüren - auf das eigene Signal wieder loslassen und dabei tief ausatmen (.....). Atmen Sie tief und ruhig (.........). Pressen Sie jetzt die Lippen aufeinander, ganz fest (5). Jetzt tief einatmen, die Spannung spüren - auf das eigene Signal loslassen und dabei tief ausatmen. Ziehen Sie jetzt die Mundwinkel so weit wie möglich auseinander, machen Sie einen ganz breiten Mund (5). Jetzt tief einatmen, die Spannung spüren - auf das eigene Signal loslassen und dabei tief ausatmen. Atmen Sie tief und ruhig (........), der übrige Körper bleibt ganz unbeteiligt (.....). Schieben Sie jetzt den Mund nach vorn zu einem spitzen Mund zusammen, spitzen Sie die Lippen (5). Jetzt tief einatmen, die Spannung spüren - auf das eigene Signal loslassen und tief ausatmen. Entspannen Sie den Mund, lassen Sie ihn hängen (.....). Nehmen Sie alle Kraft aus der Mundpartie weg (.......). Atmen Sie dabei weiter ruhig und tief (........). Die Kiefermuskeln können sich ganz entspannen, s(S)ie können dabei ganz locker sein (.....).

Wir gehen jetzt zu den Augenbrauen. Ziehen Sie jetzt die Augenbrauen nach oben, indem Sie die Stirn nach oben runzeln. Spannen Sie die Stirn an, gehen Sie mit Ihrer Wahrnehmung ganz in die Stirn (5), jetzt tief einatmen, die Spannung spüren - auf das eigene Signal loslassen und dabei wieder tief ausatmen. Gehen Sie dem Gefühl der Entspannung genau nach (.....). Atmen Sie dabei weiter ruhig und tief (.........). Ziehen Sie jetzt die Augenbrauen über der Nasenwurzel zusammen, so daß sich eine senkrechte Falte bildet, runzeln Sie die Augenbrauen (5), jetzt tief einatmen, die Spannung spüren - auf das eigene Signal loslassen und tief ausatmen. Versuchen Sie, die Stirn ganz glatt, locker und warm werden zu lassen, die Stirnhaut zu entspannen (.......).

Atmen Sie dabei ruhig und tief (.........), der übrige Körper bleibt ganz unbeteiligt (.....). Beim Einatmen wölbt sich die Bauchdecke nach außen (....), beim Ausatmen fällt sie nach innen (.........). Während Sie sich auf die Atmung konzentrieren, kann die Entspannung immer tiefer werden (.........).

Kneifen Sie jetzt die Augen zusammen, als würden Sie geblendet (5). Jetzt tief einatmen, die Spannung spüren - auf das eigene Signal loslassen und dabei tief ausatmen. Halten Sie die Augen locker geschlossen (..). Sie können die Schwere der Augenlider auf den Augen spüren (.....).

Der übrige Körper bleibt davon ganz unbeteiligt (.....). Atmen Sie weiter tief und ruhig, beim Einatmen wölbt sich die Bauchdecke nach außen (....), beim Ausatmen fällt sie nach innen ein (......). Sie können spüren, wie die Entspannung mit jedem Ausatmen tiefer werden kann (.......).

Versuchen Sie jetzt, während Sie die Augen geschlossen halten, die Augäpfel nach links zu drehen, nach links ins Dunkel zu schauen (5) und lassen Sie nun die Augäpfel auf das Entspannungssignal wieder los (.....). Schauen Sie jetzt ganz nach rechts mit geschlossenen Augen (5), geben Sie sich nun Ihr Signal und lassen Sie wieder los (.....). Atmen Sie dabei weiter tief und ruhig (.........). Schauen Sie jetzt mit geschlossenen Augen ganz nach oben, so weit es möglich ist (5) und lassen Sie auf Ihr Signal nun wieder los (.....). Lassen Sie die Augäpfel nun ganz locker in ihren Aufhängungen hängen und entspannen Sie die Augen. Pressen Sie jetzt die Zunge an den Gaumen (3), jetzt tief einatmen, die Spannung spüren - auf das eigene Entspannungssignal loslassen und wieder tief ausatmen (......).

Während Sie sich versichern, daß die Hals- und Nackenbereiche ganz locker sind, können s(S)ie sich immer tiefer entspannen (...........). Entspannen Sie die Schultern (........), die Kiefermuskeln (.........), die gesamte Gesichtsmuskulatur (........). Halten Sie den Körper einige Zeit so entspannt (.............). Atmen Sie dabei weiter ruhig und tief (...........). Nun können Sie noch tiefer entspannt werden, indem Sie sehr tief durch die Nase einatmen (....) und ganz langsam durch den Mund ausatmen (.........). Lassen Sie die Bauchdecke sich beim Einatmen nach außen wölben (.....), und beim Ausatmen locker nach innen einfallen (.........). Lassen Sie die Augen geschlossen (...). Atmen Sie tief durch die Nase ein (.....) und atmen Sie langsam durch den Mund wieder aus (.........).

Gehen Sie nun in Gedanken durch die beiden Arme und beobachten Sie dabei, ob sich irgendeine Spannung in den linken oder rechten Arm eingeschlichen hat (...........). Beobachten Sie die Ruhe, das Verschwinden jeglicher Spannung (...........). Atmen Sie weiter tief durch die Nase ein (.....) und ganz langsam durch den Mund aus (.........). Der Körper ist jetzt entspannt und locker (.........). Stirn, Augenlider und Kiefer können sich weiter und weiter lockern und s(S)ie können dabei ganz entspannt sein (..........). Atmen Sie weiter tief durch die Nase ein (.....) und ganz langsam durch den Mund wieder aus (.........). Sie können sich dabei weiter und weiter entspannen (...........).

Wir konzentrieren uns nun weiter auf die Atmung. Konzentrieren Sie sich dabei auf das Ausatmen und geben Sie sich bei jedem tiefen Ausatmen Ihr Entspannungssignal (..........................................................................).
Beim Einatmen wölbt sich die Bauchdecke nach außen, beim Ausatmen fällt sie nach innen (...............................................................................).

Während Sie sich auf die Atmung konzentrieren, kann die Entspannung noch tiefer werden. Geben Sie sich dabei bei jedem tiefen Ausatmen Ihr Entspannungssignal (.......................................................................................................).
Atmen Sie tief durch die Nase ein und ganz langsam durch den Mund wieder aus (.................................................................................................................).
Beim Einatmen wölbt sich die Bauchdecke nach außen, beim Ausatmen fällt sie nach innen (..........................................................................................................).
Geben Sie sich bei jedem tiefen Ausatmen Ihr Entspannungssignal (....................................................................................................).

Nun können Sie noch weiter entspannt werden, indem Sie beim Einatmen Ihre Atemzüge zählen, und sich beim Ausatmen Ihr Entspannungssignal geben. Zählen Sie einfach bei jedem Einatmen die Atemzüge und geben Sie sich weiter bei jedem tiefen Ausatmen Ihr Entspannungssignal. Achten Sie darauf, wie die Entspannung dabei mit jedem Ausatmen zunehmend tiefer werden kann.
(...........................................................................................................................
...........................................)

Zählen Sie einfach bei jedem Einatmen die Atemzüge und geben Sie sich bei jedem tiefen Ausatmen Ihr Entspannungssignal, achten Sie darauf, wie die Entspannung dabei mit jedem Ausatmen zunehmend tiefer werden kann.
(.....................................................................)

Während die Gedanken kommen und gehen, können s(S)ie sich entspannen und entfernen.
s(S)ie können hier sein und einen Schritt zurücktreten - und noch einen Schritt - weitere Schritte, so daß der Abstand zunimmt. Sie können sogar diesen Raum in Gedanken verlassen. Sie können sich in Gedanken an einen anderen Ort begeben. An einen Ort, an dem Sie sich wohl fühlen.

Rufen Sie sich nun Ihre Entspannungsszene in Erinnerung und betrachten Sie dieses Bild. Manche Menschen können sich die Szene so vorstellen, als wäre sie Wirklichkeit. Es ist i(I)hnen möglich, alles ganz genau zu betrachten.

Ist das Bild farbig oder schwarz - weiß?
Welche Tageszeit ist gerade?
Ist es eher hell oder eher dunkel?
Aus welcher Richtung kommt das Licht?
Welche Details befinden sich im Vordergrund?
Welche Details befinden sich im Hintergrund?

Atmen Sie weiter tief durch die Nase ein und ganz langsam durch den Mund wieder aus. Geben Sie sich bei jedem tiefen Ausatmen Ihr Entspannungssignal.

Gibt es andere Personen in der Szene?
Wie groß ist das Bild?
Ist die Oberfläche glatt oder rauh?
Ist das Bild flach oder dreidimensional?
Sind die Kontraste scharf oder weniger scharf?
Sind die Farben intensiv oder pastellartig?
Welches ist die vorherrschende Farbe?

Atmen Sie weiter tief durch die Nase ein und ganz langsam durch den Mund wieder aus, geben Sie sich bei jedem Ausatmen Ihr Entspannungssignal.

Woher kommen die Geräusche in der Szene?
Sind die Töne eher hoch oder eher tief?
Sind sie monoton oder melodisch?
Sind sie dumpf oder hell?
Gibt es Stimmen in der Szene?

Atmen Sie weiter tief durch die Nase ein und ganz langsam durch den Mund wieder aus, geben Sie sich bei jedem Ausatmen Ihr Entspannungssignal.

Fühlt sich der Körper in der Szene warm oder kalt an?
Ist der Körper entspannt oder angespannt?
Gibt es Bewegungen?
Wenn ja: Sind die Bewegungen eher gleichförmig oder eher abrupt?

Atmen Sie weiter tief durch die Nase ein und ganz langsam durch den Mund wieder aus. Geben Sie sich dabei weiter bei jedem tiefen Ausatmen Ihr Entspannungssignal.

Wie fühlt sich der Kopf an?
Wie fühlt sich der Bauch an?
Wie fühlt sich die Kleidung auf dem Körper an?

Falls es Gerüche gibt:
Sind die Gerüche in der Szene eher stark?
Sind die Gerüche eher angenehm oder eher unangenehm?

Manchen Menschen kann dieses Gefühl der Entspannung wie eine Garantie sein, die i(I)hnen sagt: „s(S)ie sind entspannt und gelassen, s(S)ie fühlen sich wohl und tanken in diesem Zustand der Entspannung neue Energie auf."

Atmen Sie weiter tief durch die Nase ein und ganz langsam durch den Mund wieder aus. Geben Sie sich dabei weiter bei jedem tiefen Ausatmen Ihr Entspannungssignal.

Um die Übung zu beenden, werden wir wieder in 4 Schritten vorgehen:

Bewegen Sie jetzt die Hände (.........).
Bewegen Sie jetzt Hände und Arme (.......).
Bewegen Sie jetzt den ganzen Körper (......).
Und jetzt öffnen Sie die Augen (......).

Richten Sie sich langsam zum Sitzen auf.

## 6.8 Achte Sitzung
## Lernschritt: Koppelung der Atmung an das Entspannungssignal und an die muskuläre Entspannungsphase, danach Visualisierung

*Vorbereitung*

> *a) Erfahrungen beim selbständigen Üben?*
>
> *b) Allgemeine Vorbereitung: (siehe Kapitel 3)*
>
> * Bequeme Lage einnehmen.
> * Bewegungsfreiheit herstellen (Gürtel, Brille, Uhr, Ringe, Schuhe, ...).
> * Husten, Niesen etc. nicht unterdrücken.
> * Füße und Beine nicht so stark anspannen wie Hände und Arme.
> * Evtl. noch vorher auf die Toilette gehen.
>
> *c) Spezielle Vorbereitung:*
>
> * Die Teilnehmer überlegen sich eine erinnerte Sequenz, von der sie glauben, daß sie eine entspannende Wirkung hat (z. B. Urlaub, Badewanne, ...).
> * Nach Möglichkeit sollte die Szene selber erlebt worden sein.
> * Mit der Erinnerung an diese Szene sollten positive Gefühle verbunden sein.
> * Hinweis: über den Inhalt der Vorstellung wird nicht geredet.
> * Demonstration der submodalen Abfrage, die Teilnehmer beantworten die Fragen für sich.
>   Beispiele:
>   - ist es eher hell oder eher dunkel?
>   - sind die Farben eher kräftig oder eher pastellfarbig?
>   - welches ist die vorherrschende Farbe?

*Durchführung*

> Text: „Grundform Liegend mit Entspannungssignal, Atmung und Visualisierung“ (S. 81)

*Nachbesprechung*

*a) Allgemeine Nachbesprechung: (siehe Kapitel 3)*

* Welche Empfindungen traten auf?
* Einschätzung des Entspannungsgrades von 0 bis 100.
* Gab es Probleme mit einzelnen Muskelgruppen?

*b) Spezielle Nachbesprechung:*

* Wie hat die Koppelung der Atmung mit der muskulären Entspannung und mit dem Entspannungssignal funktioniert?
* Wie deutlich war die Vorstellung der Szene?

## 6.9 Neunte Sitzung
## Lernschritt: Verkürzung der Übungen, Zusammenfassen von Muskelgruppen, Üben im Sitzen

*Vorbereitung*

*a) Erfahrungen beim selbständigen Üben?*

*b) Allgemeine Vorbereitung: (siehe Kapitel 3)*

* Bequeme Lage einnehmen.
* Bewegungsfreiheit herstellen (Gürtel, Brille, Uhr, Ringe, Schuhe, ...).
* Husten, Niesen etc. nicht unterdrücken.
* Füße und Beine nicht so stark anspannen wie Hände und Arme.
* Evtl. noch vorher auf die Toilette gehen.

*c) Spezielle Vorbereitung:*

* Stühle bereitstellen.
* Hinweis: - in dieser Sitzung werden 2 kürzere Übungen durchgeführt
  - Muskelgruppen werden dabei zusammengefaßt
  - eine Übung erfolgt im Liegen, eine Übung im Sitzen

*Durchführung*

Entscheiden Sie vor der Durchführung, ob Sie als Visualisierung die individuelle Entspannungsszene oder die Farbenabfolge verwenden wollen.

1.Text: „Kurzform *Liegend* mit Entspannungssignal, Atmung und Visualisierung" (S. 95)

2.Text: „Kurzform *Sitzend* mit Entspannungssignal, Atmung und Visualisierung" (S. 103)

*Nachbesprechung*

*a) Allgemeine Nachbesprechung: (siehe Kapitel 3)*

* Welche Empfindungen traten auf?
* Einschätzung des Entspannungsgrades von 0 bis 100.
* Gab es Probleme mit einzelnen Muskelgruppen?

*b) Spezielle Nachbesprechung:*

* Wie war die Entspannung im Vergleich zu der Langform?
* Wie war die Entspannung im Sitzen?

## Kurzform Liegend mit Entspannungssignal, Atmung und Visualisierung

Legen Sie sich locker und bequem auf die Unterlage (.....), die Füße und Knie können auseinanderkippen (...). Winkeln Sie die Ellenbogen leicht an (....). Die Finger können locker und leicht gekrümmt auf der Unterlage liegen (...). Atmen Sie ruhig und tief, beim Einatmen wölbt sich die Bauchdecke nach außen (....), beim Ausatmen fällt sie nach innen (.......). Lassen Sie das Gesicht ganz entspannt werden (.....). Die Augen sind locker geschlossen (....). Die Zähne nicht aufeinanderbeißen (.....). Entspannen Sie jeweils auf Ihr eigenes Entspannungssignal. Atmen Sie beim Anspannen ein und atmen Sie beim Loslassen aus.

Wir beginnen wieder mit der rechten Hand, spannen Sie die rechte Hand jetzt auf den Zustand 100 an (10), jetzt tief einatmen, die Spannung spüren - auf das eigene Signal wieder entspannen und dabei tief ausatmen (.......). Atmen Sie ruhig und tief (.........). Und jetzt die linke Hand auf den Zustand 100 anspannen (10), jetzt tief einatmen, die Spannung spüren - auf das eigene Signal wieder entspannen und dabei tief ausatmen (.......). Spannen Sie jetzt beide Hände an (10). Jetzt wieder tief einatmen, die Spannung spüren, auf das eigene Signal wieder loslassen und dabei wieder tief ausatmen. Die beiden Hände können mit jedem Ausatmen entspannter werden, bis s(S)ie ganz locker sind.

Nun kann es interessant sein, sich an die vorausgegangenen Entspannungssitzungen zu erinnern und sich dabei ins Gedächtnis zu rufen:
- wo Sie die Entspannung am deutlichsten wahrgenommen haben,
(.............................................)
- wie sich die Entspannung dabei anfühlt,
(..............................................)
- wie es sich anfühlen würde, wenn dieses Entspannungsgefühl jetzt wieder da sein kann.
(.......................................)
Entspannen Sie den Kiefer (....). Die Zähne nicht aufeinanderbeißen (....). Jetzt gehen wir zu den Ellenbogen. Ballen Sie die Fäuste, beugen Sie die Ellenbogen auf, so daß Sie die Spannung in den Oberarmen spüren (5), jetzt tief einatmen, die Spannung spüren - auf das eigene Signal wieder entspannen und dabei tief ausatmen (........). Ruhig und tief atmen (......). Ballen Sie jetzt nochmals die Fäuste, beugen Sie die Ellenbogen auf und spannen Sie die Oberarmmuskeln (5). Der übrige Körper bleibt locker und unbeteiligt. Jetzt tief einatmen, die Spannung spüren - auf das eigene Signal wieder entspannen und dabei tief ausatmen (...............). Indem Sie die Muskeln locker lassen, können s(S)ie sich ganz entspannen.
Jetzt die Hände fest nach unten drücken, ganz fest, so daß die Oberarme hinten angespannt werden (5). Jetzt tief einatmen, die Spannung spüren - auf das eigene

Signal wieder entspannen und dabei tief ausatmen (........). Atmen Sie ruhig und tief (.........). Lassen Sie den Kiefer locker (...). Die Augenlider sind locker geschlossen (......). Entspannen Sie die Stirnhaut (.....). Jetzt nochmals nur die Arme und Hände anspannen und fest auf die Unterlage drücken (5). Der übrige Körper bleibt davon ganz unbeteiligt. Jetzt tief einatmen, die Spannung spüren - auf das eigene Signal wieder entspannen und dabei tief ausatmen (......). Lassen Sie die Hände und Arme wieder locker und spüren Sie dabei, wie s(S)ie entspannter werden. Entspannen Sie die Stirn- und die Kiefermuskeln (.......), bis s(S)ie völlig entspannt sind. Atmen Sie jeweils beim Anspannen ein und atmen Sie beim Entspannen aus.

Jetzt gehen wir zu den Schultern. Pressen Sie die Schultern ganz fest nach hinten gegen die Unterlage (5), jetzt tief einatmen, die Spannung spüren - auf das eigene Signal wieder entspannen und dabei tief ausatmen. Jetzt die Schultern nach vorne zusammenziehen (5), jetzt tief einatmen, die Spannung spüren - auf das eigene Signal wieder entspannen und dabei tief ausatmen (...........). Jetzt die Schultern einmal kräftig hochziehen, bis an die Ohren (5). Der übrige Körper ist ganz unbeteiligt. Jetzt tief einatmen, die Spannung spüren - auf das eigene Signal wieder entspannen und dabei tief ausatmen (......). Während Sie die Schultern lockern, kann i(I)hre Entspannung immer tiefer werden. Die Zähne nicht aufeinanderbeißen (...). Halten Sie die Augenlider locker geschlossen (...). Die Stirnhaut kann locker und entspannt sein (.........). Atmen Sie jeweils beim Anspannen ein und beim Loslassen aus.

Jetzt gehen wir zu den Beinen. Ziehen Sie jetzt die Füße zum Körper hin (5), jetzt tief einatmen, die Spannung spüren - auf das eigene Signal wieder entspannen und dabei tief ausatmen (......). Das Gesicht kann ganz entspannt werden (.......). Jetzt die Zehen nach unten einkrallen, als wollten Sie einen Bleistift festhalten (5), jetzt tief einatmen, die Spannung spüren - auf das eigene Signal wieder entspannen und dabei tief ausatmen (.......). Lassen Sie den Körper ganz locker liegen (.......). Entspannen Sie Füße und Beine, bis s(S)ie ganz entspannt sind.

Jetzt ein Hohlkreuz machen, auf Unterschenkel und Arme gestützt das Gesäß abheben (5), jetzt tief einatmen, die Spannung spüren - auf das eigene Signal wieder entspannen und dabei tief ausatmen (.....).

Drücken Sie den Kopf jetzt auf die linke Schulter, ganz fest anspannen (5). Jetzt den Kopf auf die rechte Schulter drücken (5), jetzt tief einatmen, die Spannung spüren - auf das eigene Signal wieder entspannen und dabei tief ausatmen (.......). Lockern Sie die Muskeln im Kiefer und in der Stirn, s(S)ie können dabei mit jedem Ausatmen entspannter werden. Drücken Sie jetzt den Kopf nach vorn fest auf die Brust (5), jetzt tief einatmen, die Spannung spüren - auf das eigene Signal wieder entspannen und dabei tief ausatmen (.......).

Gehen Sie nun noch einmal durch die Arme, und lassen Sie alles locker, die Schultern (.......), die Arme (.....), die Hände (.....) und die Finger (.......), s(S)ie

können mit jedem Ausatmen lockerer werden (............). Gehen Sie nun auch in Gedanken durch die Beine und lockern Sie die Beine und Füße, bis s(S)ie ganz entspannt sind (................). Beim Einatmen wölbt sich die Bauchdecke nach außen, beim Ausatmen fällt sie nach innen. Während Sie sich auf die Atmung konzentrieren, kann die Entspannung dabei mit jedem tiefen Ausatmen tiefer werden.
Jetzt kommen wir zum Gesicht. Beißen Sie die Zähne kurz aufeinander (5) und nun lassen Sie wieder los. Jetzt die Lippen spitzen (5), jetzt die Mundwinkel ganz breit auseinanderziehen, einen ganz breiten Mund machen (5), jetzt tief einatmen, die Spannung spüren - auf das eigene Signal wieder entspannen und dabei tief ausatmen (..............). Jetzt die Augenbrauen nach oben ziehen und die Stirn anspannen (5), jetzt die Augenbrauen über der Nase zusammenziehen (5). Zusätzlich bei geschlossenen Augen die Augäpfel kurz nach links rollen (5) und loslassen. Die Augäpfel nach rechts rollen (5) und loslassen (.....). Die Zunge gegen den Gaumen drücken (5), jetzt tief einatmen, die Spannung spüren - auf das eigene Signal wieder entspannen und dabei tief ausatmen (.......). Achten Sie auf den Übergang von der Anspannung zur Entspannung.

Nun konzentrieren wir uns auf die Atemzüge, s(S)ie können dabei immer ruhiger werden. Konzentrieren Sie sich dabei auf das Ausatmen und geben Sie sich bei jedem Ausatmen Ihr Entspannungssignal. Während Sie sich auf die Atmung konzentrieren, kann die Entspannung dabei mit jedem tiefen Ausatmen noch tiefer werden.
(......................................................................)
Beim Einatmen wölbt sich die Bauchdecke nach außen, beim Ausatmen fällt sie nach innen.
(..........................................................................)
Während Sie sich auf die Atmung konzentrieren, kann die Entspannung noch tiefer werden.
(..........................................................................)
Atmen Sie tief durch die Nase ein und ganz langsam durch den Mund wieder aus.
(..........................................................................)
Beim Einatmen wölbt sich die Bauchdecke nach außen, beim Ausatmen fällt sie nach innen.
(............................................................................)
Geben Sie sich bei jedem tiefen Ausatmen Ihr Entspannungssignal.
(..............................................................................)
Nun können Sie noch weiter entspannt werden, indem Sie beim Einatmen Ihre Atemzüge zählen, und sich beim Ausatmen weiter Ihr Entspannungssignal geben. Zählen Sie einfach bei jedem Einatmen die Atemzüge, geben Sie sich bei jedem tiefen Ausatmen Ihr Entspannungssignal und achten Sie darauf, wie die Entspannung dabei mit jedem Ausatmen zunehmend tiefer werden kann.
(...............................................................................................................
..........................................)

Zählen Sie einfach bei jedem Einatmen die Atemzüge, geben Sie sich bei jedem tiefen Ausatmen Ihr Entspannungssignal und achten Sie darauf, wie die Entspannung dabei mit jedem Ausatmen zunehmend tiefer werden kann.

An dieser Stelle kann nun die Visualisierung (individuelle Entspannungsszene, S. 99 oder Farbenabfolge, S. 101) angefügt werden.

Fortsetzung mit der individuellen Entspannungsszene

Während die Gedanken kommen und gehen, können Sie sich immer weiter entspannen, und in Gedanken entfernen, s(S)ie können hier sein und und in Gedanken einen Schritt zurücktreten. Und noch einen Schritt. Weitere Schritte, so daß der Abstand zunimmt. Sie können sich sogar in Gedanken umdrehen und diesen Raum verlassen. Sie können sich in Gedanken an einen anderen Ort begeben. An einen Ort, an dem Sie sich wohl fühlen.

Rufen Sie sich diesen Ort in Erinnerung und betrachten Sie dieses Bild. Manche Menschen können sich die Szene so vorstellen, als wäre sie Wirklichkeit. Es ist i(I)hnen möglich, alles ganz genau zu betrachten.

Ist das Bild farbig oder schwarz - weiß?
Welche Tageszeit ist gerade?
Ist es eher hell oder eher dunkel?
Aus welcher Richtung kommt das Licht?
Welche Details befinden sich im Vordergrund?
Welche Details befinden sich im Hintergrund?

Gibt es andere Personen in der Szene?
Wie groß ist das Bild?
Ist die Oberfläche glatt oder rauh?
Ist das Bild flach oder dreidimensional?
Sind die Kontraste scharf oder weniger scharf?
Sind die Farben intensiv oder pastellartig?
Welches ist die vorherrschende Farbe?

Atmen Sie weiter tief durch die Nase ein und ganz langsam durch den Mund wieder aus. Geben Sie sich dabei bei jedem Ausatmen Ihr Entspannungssignal.

Woher kommen die Geräusche in der Szene?
Sind die Töne eher hoch oder eher tief ?
Sind sie monoton oder melodisch?
Sind sie dumpf oder hell?
Gibt es Stimmen in der Szene?

Fühlt sich der Körper in der Szene warm oder kalt an?
Ist der Körper entspannt oder angespannt?
Gibt es Bewegungen?
Wenn ja: Sind die Bewegungen eher gleichförmig oder eher abrupt?

Atmen Sie weiter tief durch die Nase ein und ganz langsam durch den Mund wieder aus. Geben Sie sich dabei bei jedem Ausatmen Ihr Entspannungssignal.

Wie fühlt sich der Kopf an?
Wie fühlt sich der Bauch an?
Wie fühlt sich die Kleidung auf dem Körper an?

Falls es Gerüche gibt:
Sind die Gerüche in der Szene eher stark?
Sind die Gerüche eher angenehm oder eher unangenehm?

Atmen Sie weiter tief durch die Nase ein und ganz langsam durch den Mund wieder aus. Geben Sie sich dabei bei jedem Ausatmen Ihr Entspannungssignal.

Manchen Menschen kann dieses Gefühl der Entspannung wie eine Garantie sein, die i(I)hnen sagt: „s(S)ie sind vollkommen entspannt und gelassen, s(S)ie fühlen sich wohl und tanken in diesem Zustand der Entspannung neue Energien auf."

Um die Übung zu beenden, gehen wir wieder in vier Schritten vor:

Bewegen Sie jetzt die Hände (......).
Bewegen Sie jetzt Hände und Arme (......).
Bewegen Sie jetzt den ganzen Körper (......).
Und jetzt öffnen Sie die Augen (......).

Richten Sie sich langsam zum Sitzen auf.

| Fortsetzung mit der Farbenabfolge |
| --- |

Während die Gedanken kommen und gehen, können Sie sich immer weiter entspannen und in Gedanken entfernen, s(S)ie können hier sein und und in Gedanken einen Schritt zurücktreten. Und noch einen Schritt. Weitere Schritte, so daß der Abstand zunimmt. Sie können sich sogar in Gedanken umdrehen und diesen Raum verlassen. Sie können sich in Gedanken zum Beispiel in andere Räume begeben.

Wir können mit der Vorstellung beginnen, ein rotes Zimmer zu betreten, in dem alles mit roter Farbe ausgestattet ist. Die Wände rot, der Boden und die Decke rot, die Möbel rot. Alles in diesem Zimmer kann eine rote Farbe haben.
Manchen Menschen hilft dabei die Vorstellung, diesen Raum durch einen Filter zu sehen, s(S)ie können alles wie durch einen roten Filter betrachten.

Von dem roten Raum kann man in der Vorstellung durch eine Tür in einen orangen Raum gehen, in einen Raum, in dem alles orange ist.
Die Wände orange, der Boden orange, die Decke orange, die Gegenstände orange, alles in diesem Raum orange.
Man kann sich in diesem orangen Raum umsehen.

Atmen Sie weiter tief durch die Nase ein und ganz langsam durch den Mund wieder aus. Geben Sie sich dabei bei jedem Ausatmen Ihr Entspannungssignal.

Die Tür zum nächsten Raum kann sich öffnen. Dieser Raum kann ganz in gelber Farbe ausgestattet sein, vielleicht in einem leuchtenden Gelb, gelb wie die Sonne.
Die Decke gelb, die Wände gelb, der Boden gelb, die Einrichtung darin gelb, auch eine gelbe Tür, die in den nächsten Raum führt.

Der nächste Raum ist ganz in grün gehalten. Alle Gegenstände hierin können grün sein. Auch die Wände grün, der Boden grün, die Decke grün und alle Gegenstände in diesem Raum grün. Die meisten Menschen können sich die grüne Farbe gut vorstellen, s(S)ie können sich die grüne Farbe deutlich vorstellen.

Atmen Sie weiter tief durch die Nase ein und ganz langsam durch den Mund wieder aus. Geben Sie sich dabei bei jedem Ausatmen Ihr Entspannungssignal.

Durch eine grüne Tür geht es von dem grünen Zimmer in ein Zimmer, das ganz in blau gestrichen ist, alles in diesem Zimmer kann blau gestrichen sein. Vielleicht so blau wie das Meer oder ein wolkenloser Himmel. Die Gegenstände blau, die Wände blau, der Boden blau und die Decke blau. Alles in diesem Raum kann eine blaue Farbe haben.
Und ist es nicht so, daß die blauen Farben entspannend wirken können? s(S)ie können zunehmend Entspannung verbreiten.

Durch eine blaue Tür geht es in der Vorstellung nun in einen lila Raum. Die Wände in diesem Raum sind ganz lila, die Decke ist lila, der Boden ist ganz lila. Ich weiß nicht, ob und wenn welche Gegenstände in dem Raum sind, aber alle Gegenstände darin können lila sein, genau wie die Wände lila sind, der Boden lila ist und die Decke lila ist.
In diesem lila - farbenen Raum kann man sich umsehen und dabei die Ruhe spüren.

Atmen Sie weiter tief durch die Nase ein und ganz langsam durch den Mund wieder aus. Geben Sie sich dabei bei jedem Ausatmen Ihr Entspannungssignal.

Manchen Menschen kann dieses Gefühl der Entspannung wie eine Garantie sein, die i(I)hnen sagt: „s(S)ie sind vollkommen entspannt und gelassen, s(S)ie fühlen sich wohl und tanken in diesem Zustand der Entspannung neue Energien auf.“

Um die Übung zu beenden, gehen wir wieder in vier Schritten vor:

Bewegen Sie jetzt die Hände (......).
Bewegen Sie jetzt Hände und Arme (......).
Bewegen Sie jetzt den ganzen Körper (......).
Und jetzt öffnen Sie die Augen (......).

Richten Sie sich langsam zum Sitzen auf.

## Kurzform Sitzend mit Entspannungssignal, Atmung und Visualisierung

Nehmen Sie eine möglichst bequeme Haltung ein, legen Sie die Hände auf die Oberschenkel, behalten Sie die Füße am Boden. Schließen Sie die Augen und stellen Sie sich darauf ein, sich entspannen zu können. Entspannen Sie jeweils auf Ihr eigenes Entspannungssignal. Atmen Sie beim Anspannen ein und atmen Sie beim Loslassen aus.

Wir beginnen wieder mit der rechten Hand, spannen Sie die rechte Hand jetzt auf den Zustand 100 an (10), jetzt tief einatmen, die Spannung spüren - auf das eigene Signal wieder entspannen und dabei tief ausatmen (.......). Atmen Sie ruhig und tief (.........). Und jetzt die linke Hand auf den Zustand 100 anspannen (10), jetzt tief einatmen, die Spannung spüren - auf das eigene Signal wieder entspannen und dabei tief ausatmen (.......). Spannen Sie jetzt beide Hände an (10). Jetzt wieder tief einatmen, die Spannung spüren, auf das eigene Signal wieder loslassen und dabei wieder tief ausatmen. Die beiden Hände können mit jedem Ausatmen entspannter werden, bis s(S)ie ganz locker sind.

Nun kann es interessant sein, sich an die vorausgegangenen Entspannungssitzungen zu erinnern und sich dabei ins Gedächtnis zu rufen:
- wo Sie die Entspannung am deutlichsten wahrgenommen haben,
(.............................................)
- wie sich die Entspannung dabei anfühlt,
(..............................................)
- wie es sich anfühlen würde, wenn dieses Entspannungsgefühl jetzt wieder da sein kann.
(.......................................)

Entspannen Sie den Kiefer (....). Die Zähne nicht aufeinanderbeißen (....).

Jetzt gehen wir zu den Ellenbogen. Ballen Sie die Fäuste, beugen Sie die Ellenbogen auf, so daß Sie die Spannung in den Oberarmen spüren (5), jetzt tief einatmen, die Spannung spüren - auf das eigene Signal wieder entspannen und dabei tief ausatmen (........). Ruhig und tief atmen (......). Ballen Sie jetzt nochmals die Fäuste, beugen Sie die Ellenbogen auf und spannen Sie die Oberarmmuskeln (5).
Der übrige Körper bleibt locker und unbeteiligt. Jetzt tief einatmen, die Spannung spüren - auf das eigene Signal wieder entspannen und dabei tief ausatmen (...............). Indem Sie die Muskeln locker lassen, können s(S)ie sich ganz entspannen.

Jetzt die Hände fest auf die Oberschenkel drücken, ganz fest, so daß die Oberarme hinten angespannt werden (5). Jetzt tief einatmen, die Spannung spüren - auf das eigene Signal wieder entspannen und dabei tief ausatmen (........). Atmen Sie ruhig und tief (.........). Lassen Sie den Kiefer locker (...). Die Augenlider sind locker geschlossen (......). Entspannen Sie die Stirnhaut (.....). Jetzt nochmals nur die Arme und Hände anspannen und fest auf die Oberschenkel drücken (5). Der übrige Körper bleibt davon ganz unbeteiligt. Jetzt tief einatmen, die Spannung spüren - auf das eigene Signal wieder entspannen und dabei tief ausatmen (......). Lassen Sie die Hände und Arme wieder locker und spüren Sie dabei, wie s(S)ie entspannter werden. Entspannen Sie die Stirn- und die Kiefermuskeln (.......), bis s(S)ie völlig entspannt sind. Atmen Sie jeweils beim Anspannen ein und atmen Sie beim Entspannen aus.

Jetzt gehen wir zu den Schultern. Pressen Sie die Schultern ganz fest nach hinten (5), jetzt tief einatmen, die Spannung spüren - auf das eigene Signal wieder entspannen und dabei tief ausatmen. Jetzt die Schultern nach vorne zusammenziehen (5), jetzt tief einatmen, die Spannung spüren - auf das eigene Signal wieder entspannen und dabei tief ausatmen (...........). Jetzt die Schultern einmal kräftig hochziehen, bis an die Ohren (5). Der übrige Körper ist ganz unbeteiligt. Jetzt tief einatmen, die Spannung spüren - auf das eigene Signal wieder entspannen und dabei tief ausatmen (......). Während Sie die Schultern lockern, kann i(I)hre Entspannung immer tiefer werden.
Die Zähne nicht aufeinanderbeißen (...). Halten Sie die Augenlider locker geschlossen (...). Die Stirnhaut kann locker und entspannt sein (.........). Atmen Sie jeweils beim Anspannen ein und beim Loslassen aus.

Jetzt gehen wir zu den Beinen. Ziehen Sie jetzt die Füße hoch, während die Fersen am Boden bleiben (5), jetzt tief einatmen, die Spannung spüren - auf das eigene Signal wieder entspannen und dabei tief ausatmen (......). Das Gesicht kann ganz entspannt werden (.......). Jetzt die Zehen nach unten einkrallen, als wollten Sie einen Bleistift festhalten (5), jetzt tief einatmen, die Spannung spüren - auf das eigene Signal wieder entspannen und dabei tief ausatmen (.......). Lassen Sie den Körper ganz locker (...............). Entspannen Sie Füße und Beine, bis s(S)ie ganz entspannt sind.

Drücken Sie den Kopf jetzt auf die linke Schulter, ganz fest anspannen (5). Jetzt den Kopf auf die rechte Schulter drücken (5), jetzt tief einatmen, die Spannung spüren - auf das eigene Signal wieder entspannen und dabei tief ausatmen (.......).
Lockern Sie die Muskeln im Kiefer und in der Stirn, s(S)ie können dabei mit jedem Ausatmen entspannter werden.

Drücken Sie jetzt den Kopf nach vorn fest auf die Brust (5), jetzt tief einatmen, die Spannung spüren - auf das eigene Signal wieder entspannen und dabei tief ausatmen (.......). Gehen Sie nun noch einmal durch die Arme, und lassen Sie alles locker, die Schultern (.......), die Arme (.....), die Hände (.....) und die Finger (.......), s(S)ie können mit jedem Ausatmen lockerer werden (............).

Gehen Sie nun auch in Gedanken durch die Beine und lockern Sie die Beine und Füße, bis s(S)ie ganz entspannt sind (................).
Beim Einatmen wölbt sich die Bauchdecke nach außen, beim Ausatmen fällt sie nach innen. Während Sie sich auf die Atmung konzentrieren, kann die Entspannung dabei mit jedem tiefen Ausatmen tiefer werden.

Jetzt kommen wir zum Gesicht. Beißen Sie die Zähne kurz aufeinander (5) und nun lassen Sie wieder los. Jetzt die Lippen spitzen (5), jetzt die Mundwinkel ganz breit auseinanderziehen, einen ganz breiten Mund machen (5), jetzt tief einatmen, die Spannung spüren - auf das eigene Signal wieder entspannen und dabei tief ausatmen (..............). Jetzt die Augenbrauen nach oben ziehen und die Stirn anspannen (5), jetzt die Augenbrauen über der Nase zusammenziehen (5). Zusätzlich bei geschlossenen Augen die Augäpfel kurz nach links rollen (5) und loslassen. Die Augäpfel nach rechts rollen (5) und loslassen (.....). Die Zunge gegen den Gaumen drücken (5), jetzt tief einatmen, die Spannung spüren - auf das eigene Signal wieder entspannen und dabei tief ausatmen (.......). Achten Sie auf den Übergang von der Anspannung zur Entspannung.

Konzentrieren Sie sich nun auf die Atemzüge, s(S)ie können dabei immer ruhiger werden. Konzentrieren Sie sich dabei auf das Ausatmen und geben Sie sich bei jedem Ausatmen Ihr Entspannungssignal. Während Sie sich auf die Atmung konzentrieren, kann die Entspannung dabei mit jedem tiefen Ausatmen noch tiefer werden.
(.......................................................................................)
Beim Einatmen wölbt sich die Bauchdecke nach außen, beim Ausatmen fällt sie nach innen.
(............................................................................................)
Während Sie sich auf die Atmung konzentrieren, kann die Entspannung noch tiefer werden.
(.............................................................................................)
Atmen Sie tief durch die Nase ein und ganz langsam durch den Mund wieder aus.
(.............................................................................................)
Beim Einatmen wölbt sich die Bauchdecke nach außen, beim Ausatmen fällt sie nach innen.
(.............................................................................................)
Geben Sie sich bei jedem tiefen Ausatmen Ihr Entspannungssignal.
(.................................................................................................)

Nun können Sie noch weiter entspannt werden, indem Sie beim Einatmen Ihre Atemzüge zählen, und sich beim Ausatmen weiter Ihr Entspannungssignal geben. Zählen Sie einfach bei jedem Einatmen die Atemzüge, geben Sie sich bei jedem tiefen Ausatmen Ihr Entspannungssignal und achten Sie darauf, wie die Entspannung dabei mit jedem Ausatmen zunehmend tiefer werden kann.

(..........................................................................................................................................

..........................................)

Zählen Sie einfach bei jedem Einatmen die Atemzüge, geben Sie sich bei jedem tiefen Ausatmen Ihr Entspannungssignal und achten Sie darauf, wie die Entspannung dabei mit jedem Ausatmen zunehmend tiefer werden kann.

| |
|---|
| An dieser Stelle kann nun die Visualisierung (individuelle Entspannungsszene, S. 99 oder Farbenabfolge, S. 101) angefügt werden. |

## 6.10 Zehnte Sitzung
Lernschritt: Verkürzung der Übungen, Zusammenfassen von Muskelgruppen, Reduzieren der muskulären Übungsteile, Ausweitung der Atmungs- und Imaginationsanteile

*Vorbereitung*

*a) Erfahrungen beim selbständigen Üben?*

*b) Allgemeine Vorbereitung: (siehe Kapitel 3)*

* Bequeme Lage einnehmen.
* Bewegungsfreiheit herstellen (Gürtel, Brille, Uhr, Ringe, Schuhe, ...).
* Husten, Niesen etc. nicht unterdrücken.
* Füße und Beine nicht so stark anspannen wie Hände und Arme.
* Evtl. noch vorher auf die Toilette gehen.

*c) Spezielle Vorbereitung:*

* Stühle bereitstellen.
* In dieser Sitzung wird im Liegen und im Sitzen geübt.
* Hinweis: - in dieser Sitzung werden 2 kürzere Übungen durchgeführt
  - eine Übung efolgt im liegen, eine Übung im Sitzen
  - Muskelgruppen werden dabei zusammengefaßt
  - im zweiten Teil der zweiten Übung wird die Anspannung nur noch imaginiert

*Durchführung*

Entscheiden Sie sich vor der Durchführung, ob Sie als Visualisierung die individuelle Entspannungsszene oder die Farbenabfolge verwenden wollen.

1. Text: „Kurzform Liegend mit Entspannungssignal, Atmung und Visualisierung“ (S. 95)

2. Text: „Reale An- und Entspannung - Erinnerung an die An- und Entspannung Sitzend“ (S. 109)

*Nachbesprechung*

*a) Allgemeine Nachbesprechung: (siehe Kapitel 3)*

* Welche Empfindungen traten auf?
* Einschätzung des Entspannungsgrades von 0 bis 100.
* Gab es Probleme mit einzelnen Muskelgruppen?

*b) Spezielle Nachbesprechung:*

* Wie war die Entspannung im Vergleich zu der Langform?
* Wie war die Entspannung im Sitzen?
* Wie war die imaginierte Entspannung?
* Wie war die Visualisierung?

## Reale An- und Entspannung - Erinnerung an die An- und Entspannung Sitzend

Setzen Sie sich bequem auf ihren Stuhl, schaffen Sie sich eine möglichst große Kontaktfläche mit dem Stuhl. Legen Sie die Arme auf die Oberschenkel, beide Füße stehen fest auf dem Boden. Die Finger können leicht gekrümmt sein. Atmen Sie ruhig und gleichmäßig, beim Einatmen wölbt sich die Bauchdecke nach außen (....), beim Ausatmen fällt sie nach innen (.......). Lassen Sie das Gesicht ganz entspannt werden (.....). Die Augen sind locker geschlossen (....). Die Zähne nicht aufeinanderbeißen (.....).

Entspannen Sie jeweils auf Ihr eigenes Entspannungssignal. Atmen Sie jeweils beim Anspannen ein und atmen Sie beim Loslassen wieder aus.

Wir beginnen mit den Händen. Ballen Sie die Hände zur Faust und spannen Sie jetzt beide Fäuste fest an, - jetzt tief einatmen, die Spannung spüren - auf das eigene Signal nun wieder loslassen und dabei wieder tief ausatmen. Die Hände wieder entspannen, s(S)ie können sich immer weiter entspannen.

Wiederholen Sie diese Übung, spannen Sie noch einmal beide Hände zur Faust - jetzt tief einatmen, die Spannung spüren - auf das eigene Signal nun wieder loslassen und dabei wieder tief ausatmen.

Wir gehen jetzt zu den Oberarmen. Spannen Sie jetzt die Oberarme fest an, spüren Sie die Spannung - jetzt tief einatmen, die Spannung spüren - auf das eigene Signal nun wieder loslassen und dabei wieder tief ausatmen.

Und noch einmal die Oberarme fest anspannen - jetzt tief einatmen, die Spannung spüren - auf das eigene Signal nun wieder loslassen und dabei wieder tief ausatmen.

Jetzt gehen wir zu den Füßen über. Ziehen Sie jetzt die Fersen hoch, lassen Sie dabei die Fußspitzen am Boden - jetzt tief einatmen, die Spannung spüren - auf das eigene Signal nun wieder loslassen und dabei wieder tief ausatmen.

Und noch einmal die Fersen hochziehen - jetzt tief einatmen, die Spannung spüren - auf das eigene Signal nun wieder loslassen und dabei wieder tief ausatmen.

Jetzt die Zehen hochziehen, die Fersen bleiben am Boden - jetzt tief einatmen, die Spannung spüren - auf das eigene Signal nun wieder loslassen und dabei wieder tief ausatmen.

Und zum zweiten mal die Zehen hochziehen - jetzt tief einatmen, die Spannung spüren - auf das eigene Signal nun wieder loslassen und dabei wieder tief ausatmen.

Jetzt kommen wir zum Bauch. Ziehen Sie jetzt den Bauch ganz weit ein - den Bauch ganz weit einziehen - jetzt tief mit der Brust einatmen, die Spannung spüren - auf das eigene Signal nun wieder loslassen und dabei wieder tief ausatmen.

Und abermals den Bauch ganz weit einziehen - jetzt tief in die Brust einatmen, die Spannung spüren - auf das eigene Signal nun wieder loslassen und dabei wieder tief ausatmen.

Drücken Sie jetzt die Bauchdecke ganz weit nach außen - jetzt tief einatmen, die Spannung spüren - auf das eigene Signal nun wieder loslassen und dabei wieder tief ausatmen.

Und zum zweiten Mal die Bauchdecke ganz weit nach außen drücken - jetzt tief einatmen, die Spannung spüren - auf das eigene Signal nun wieder loslassen und dabei wieder tief ausatmen.

Jetzt gehen wir zum Gesicht über. Kneifen Sie jetzt die Augen zu als würden Sie geblendet - jetzt tief einatmen, die Spannung spüren - auf das eigene Signal nun wieder loslassen und dabei wieder tief ausatmen.

Und noch einmal die Augen zukneifen - jetzt tief einatmen, die Spannung spüren - auf das eigene Signal nun wieder loslassen und dabei wieder tief ausatmen.

Machen Sie jetzt einen ganz breiten Mund, so als würden Sie angestrengt lächeln - jetzt tief einatmen, die Spannung spüren - auf das eigene Signal nun wieder loslassen und dabei wieder tief ausatmen.

Und abermals den Mund ganz breit machen - jetzt tief einatmen, die Spannung spüren - auf das eigene Signal nun wieder loslassen und dabei wieder tief ausatmen.

Drücken Sie jetzt die Zunge an den Gaumen, ganz fest - jetzt tief einatmen, die Spannung spüren - auf das eigene Signal nun wieder loslassen und dabei wieder tief ausatmen.

Und noch einmal die Zunge an den Gaumen drücken - jetzt tief einatmen, die Spannung spüren - auf das eigene Signal nun wieder loslassen und dabei wieder tief ausatmen.

Nun werden wir uns die Anspannung nur noch vorstellen, die Muskeln selber dabei nicht mehr anspannen, s(S)ie können sich dabei immer mehr entspannen.

Erinnern Sie sich jetzt an die Anspannung in den Fäusten, spüren Sie in der Erinnerung die Anspannung der Fäuste, ohne sie dabei wirklich anzuspannen - jetzt tief einatmen, die Spannung in den Fäusten in der Erinnerung spüren - nun in der Erinnerung auf das eigene Signal loslassen und dabei wieder tief ausatmen, erinnern Sie sich an das Gefühl beim Entspannen der Hände, s(S)ie können sich immer mehr entspannen.

Stellen Sie sich die Anspannung nur vor, ohne die Muskeln wirklich anzuspannen.

Erinnern Sie sich jetzt noch einmal an die Anspannung der Fäuste, spüren Sie in der Erinnerung die Anspannung in den Fäusten - jetzt tief einatmen, die Spannung in den Fäusten in der Erinnerung spüren - nun in der Erinnerung auf das eigene Signal loslassen und dabei tief ausatmen, erinnern Sie sich an das Gefühl beim Entspannen der Hände.

Erinnern Sie sich jetzt an die Anspannung beim Spannen der Oberarme, spüren Sie in der Erinnerung die Spannung im Bizeps, ohne tatsächlich anzuspannen - die Spannung in den Oberarmen in der Erinnerung spüren - jetzt tief einatmen, in der Erinnerung nun auf das eigene Signal loslassen und dabei tief ausatmen, erinnern Sie sich an das Gefühl beim Entspannen der Oberarme.

Erinnern Sie sich jetzt erneut an die Anspannung beim Spannen der Oberarme - jetzt tief einatmen, die Spannung in den Oberarmen in der Erinnerung spüren, in der Erinnerung nun auf das eigene Signal loslassen und dabei tief ausatmen, erinnern Sie sich an das Gefühl beim Entspannen der Oberarme.

Erinnern Sie sich jetzt an die Anspannung beim Hochziehen der Fersen - jetzt tief einatmen, die Spannung beim Hochziehen der Fersen in der Erinnerung spüren - in der Erinnerung nun auf das eigene Signal loslassen und dabei tief ausatmen, erinnern Sie sich an das Gefühl beim Entspannen der Beinmuskulatur.

Jetzt die Erinnerung wieder auf die Anspannung beim Hochziehen der Fersen lenken - tief einatmen, die Spannung beim Hochziehen der Fersen in der Erinnerung spüren - in der Erinnerung nun auf das eigene Signal loslassen und dabei tief ausatmen, erinnern Sie sich an das Gefühl beim Entspannen der Beinmuskulatur.

Erinnern Sie sich jetzt an das Gefühl beim Hochziehen der Zehen - tief einatmen, die Spannung beim Hochziehen der Zehen in der Erinnerung spüren - in der Erinnerung nun auf das eigene Signal loslassen und dabei tief ausatmen, erinnern Sie sich an das Gefühl beim Entspannen der Beinmuskulatur.

Und das zweite Mal an das Gefühl beim Hochziehen der Zehen erinnern - tief einatmen, die Spannung beim Hochziehen der Zehen in der Erinnerung spüren - in der Erinnerung nun auf das eigene Signal loslassen und dabei tief ausatmen, erinnern Sie sich an das Gefühl beim Entspannen der Beinmuskulatur.

Rufen Sie jetzt die Erinnerung an die Anspannung beim Einziehen des Bauches wach - tief einatmen, die Spannung beim Einziehen des Bauches in der Erinnerung spüren - in der Erinnerung nun auf das eigene Signal loslassen und dabei tief ausatmen, erinnern Sie sich an das Gefühl beim Entspannen des Bauches.

Jetzt nochmals in der Erinnerung den Bauch einziehen und sich dabei an das Gefühl der Anspannung erinnern - tief einatmen, die Spannung beim Einziehen des Bauches in der Erinnerung spüren - in der Erinnerung nun auf das eigene Signal loslassen und dabei tief ausatmen, erinnern Sie sich an das Gefühl beim Entspannen der Bauchmuskulatur.

Konzentrieren Sie sich jetzt auf die Erinnerung an die Anspannung beim Herausdrücken des Bauches - tief einatmen, die Spannung beim Herausdrücken des Bauches in der Erinnerung spüren - in der Erinnerung nun auf das eigene Signal loslassen und dabei tief ausatmen, erinnern Sie sich an das Gefühl beim Entspannen der Bauchmuskulatur.

Nehmen Sie jetzt noch einmal die Anspannung beim Herausdrücken des Bauches wahr - tief einatmen, die Spannung beim Herausdrücken des Bauches in der Erinnerung spüren - in der Erinnerung nun auf das eigene Signal loslassen und dabei tief ausatmen, erinnern Sie sich an das Gefühl beim Entspannen der Bauchmuskulatur.

Vergegenwärtigen Sie sich jetzt die Anspannung beim Zukneifen der Augen - tief einatmen, die Spannung beim Zukneifen der Augen in der Erinnerung spüren - in der Erinnerung nun auf das eigene Signal loslassen und dabei tief ausatmen, erinnern Sie sich an das Gefühl beim Entspannen der Augenmuskulatur.

Erinnern Sie sich nochmals an das Gefühl beim Zusammenkneifen der Augen - tief einatmen, die Spannung beim Zukneifen der Augen in der Erinnerung spüren - in der Erinnerung nun auf das eigene Signal loslassen und dabei tief ausatmen, erinnern Sie sich an das Gefühl beim Zusammenkneifen der Augen.

Erinnern Sie sich als nächstes an die Anspannung beim Breitmachen des Mundes - tief einatmen, die Spannung beim Breitmachen des Mundes in der Erinnerung spüren - in der Erinnerung nun auf das Entspannungssignal loslassen und dabei tief ausatmen, erinnern Sie sich an das Gefühl beim Entspannen der Mundmuskulatur.

Denken Sie noch einmal an die Anspannung beim Breitmachen des Mundes - tief einatmen, die Spannung beim Breitmachen des Mundes in der Erinnerung spüren - in der Erinnerung nun auf das eigene Signal loslassen und dabei tief ausatmen, erinnern Sie sich an das Gefühl beim Entspannen des Mundes.

Erinnern Sie sich zum Schluß an das Gefühl, als Sie die Zunge gegen den Gaumen gedrückt haben - jetzt tief einatmen, die Spannung als Sie die Zunge gegen den Gaumen gedrückt haben in der Erinnerung spüren - nun in der Erinnerung auf das eigene Signal loslassen und dabei tief ausatmen, erinnern Sie sich an das Gefühl beim Entspannen der Zunge.

Und noch einmal in der Erinnerung das Gefühl wahrnehmen als Sie die Zunge gegen den Gaumen gedrückt haben - jetzt tief einatmen, die Spannung als Sie die Zunge gegen den Gaumen gedrückt haben in der Erinnerung spüren - nun in der Erinnerung auf das eigene Signal wieder loslassen und dabei tief ausatmen, erinnern Sie sich an das Gefühl beim Entspannen der Zunge.

Nun konzentrieren wir uns weiter auf die Atemzüge, s(S)ie können dabei immer ruhiger werden. Konzentrieren Sie sich einige Atemzüge nur auf das Ausatmen. Geben Sie sich dabei bei jedem tiefen Ausatmen Ihr Entspannungssignal. (..........................................................................................................)

Lassen Sie die Bauchdecke sich beim Einatmen nach außen wölben (.....) und beim Ausatmen nach innen einfallen (...........).
Mit jedem Ausatmen kann die Entspannung noch etwas tiefer werden.
(..............................................................................................)
Geben Sie sich bei jedem Ausatmen Ihr Entspannungssignal.
(..............................................................................................)

Stirn, Augen und Kiefer können sich entspannen, bis s(S)ie ganz entspannt sind.
Konzentrieren Sie sich weiter auf das Ausatmen und geben Sie sich bei jedem tiefen Ausatmen Ihr Entspannungssignal.
(..............................................................................................)

Manchen Menschen kann dieses Gefühl der Entspannung wie eine Garantie sein, die i(I)hnen sagt: „s(S)ie sind entspannt und gelassen, s(S)ie fühlen sich wohl und tanken in diesem Zustand der Entspannung neue Energie auf."

Atmen Sie weiter tief durch die Nase ein (.....) und ganz langsam durch den Mund wieder aus (.....).

Um die Übung zu beenden, werden wir wieder in 4 Schritten vorgehen:
Bewegen Sie jetzt die Hände (.........).
Bewegen Sie jetzt Hände und Arme (.......).
Bewegen Sie jetzt den ganzen Körper (......).
Und jetzt öffnen Sie die Augen (......).

## 6.11 Elfte Sitzung
## Lernschritt: Verkürzung der Übungen, Zusammenfassen von Muskelgruppen, Reduzieren der muskulären Übungsteile, Ausweitung der Atmungs- und Imaginationsanteile

*Vorbereitung*

> *a) Erfahrungen beim selbständigen Üben?*
>
> *b) Allgemeine Vorbereitung: (siehe Kapitel 3)*
>
> * Bequeme Lage einnehmen.
> * Bewegungsfreiheit herstellen (Gürtel, Brille, Uhr, Ringe, Schuhe, ...).
> * Husten, Niesen etc. nicht unterdrücken.
> * Füße und Beine nicht so stark anspannen wie Hände und Arme.
> * Evtl. noch vorher auf die Toilette gehen.
>
> *c) Spezielle Vorbereitung:*
>
> * Stühle bereitstellen.
> * In dieser Sitzung wird nur im Sitzen geübt.
> * Hinweis: - in dieser Sitzung werden 2 kürzere Übungen durchgeführt
> - Muskelgruppen werden dabei zusammengefaßt
> - beide Übungen finden im Sitzen statt
> - im zweiten Teil der zweiten Übung wird die Anspannung nur noch imaginiert

*Durchführung*

Entscheiden Sie sich vor der Durchführung, ob Sie als Visualisierung die individuelle Entspannungsszene oder die Farbenabfolge verwenden wollen.

> 1. Text: „Kurzform Sitzend mit Entspannungssignal, Atmung und Visualisierung“ (S. 103)
>
> 2. Text: „Reale An- und Entspannung - Erinnerung an die An- und Entspannung Sitzend“ (S. 109)

*Nachbesprechung*

*a) Allgemeine Nachbesprechung: (siehe Kapitel3)*

* Welche Empfindungen traten auf?
* Einschätzung des Entspannungsgrades von 0 bis 100.
* Gab es Probleme mit einzelnen Muskelgruppen?

*b) Spezielle Nachbesprechung:*

* Wie war die Entspannung im Vergleich zu der Langform?
* Wie war die Entspannung ausschließlich im Sitzen?
* Wie war die imaginierte Anspannung?
* Wie war die Visualisierung?

## 6.12 Zwölfte Sitzung

Lernschritt: Weitere Verkürzung der Übungen, Zusammenfassen von Muskelgruppen, Reduzieren der muskulären Übungsteile, Ausweitung der Atmungs- und Imaginationsanteile

*Vorbereitung*

*a) Erfahrungen beim selbständigen Üben?*

*b) Allgemeine Vorbereitung: (siehe Kapitel 3)*

* Bequeme Lage einnehmen.
* Bewegungsfreiheit herstellen (Gürtel, Brille, Uhr, Ringe, Schuhe, ..).
* Husten, Niesen etc. nicht unterdrücken.
* Füße und Beine nicht so stark anspannen wie Hände und Arme.
* Evtl. noch vorher auf die Toilette gehen.

*c) Spezielle Vorbereitung:*

* Stühle bereitstellen.
* In dieser Sitzung wird nur im Sitzen geübt.
* Hinweis:- in dieser Sitzung werden 3 kürzere Übungen durchgeführt
  - Muskelgruppen werden dabei weiter zusammengefaßt
  - in der dritten Übung erfolgt die Entspannung rein imaginiert

*Durchführung*

Entscheiden Sie sich vor der Durchführung, ob Sie als Visualisierung die individuelle Entspannungsszene oder die Farbenabfolge verwenden wollen.

1. Text „Muskuläre Minimalform mit Entspannungssignal, Atementspannung und Visualisierung Sitzend“ (S. 118)

2. Text: „Muskulärer Einstieg mit Entspannungssignal, Atementspannung und Visualisierung Sitzend“ (S. 121)

3. Text: „Konzentrative Entspannung“ (S. 123)

*Nachbesprechung*

*a) Allgemeine Nachbesprechung: (siehe Kapitel 3)*

* Welche Empfindungen traten auf?
* Einschätzung des Entspannungsgrades von 0 bis 100.
* Gab es Probleme mit einzelnen Muskelgruppen?

*b) Spezielle Nachbesprechung:*

* Wie war die Entspannung im Vergleich zu den anderen Kurzformen?
* Wie war die Entspannung im Sitzen?
* Wie war die Visualisierung?
* Wie war die rein imaginierte Entspannung?

## Muskuläre Minimalform mit Entspannungssignal, Atementspannung und Visualisierung Sitzend

Nehmen Sie eine möglichst bequeme Haltung ein, legen Sie die Hände auf die Oberschenkel, behalten Sie die Füße am Boden, Schließen Sie die Augen und stellen Sie sich darauf ein, daß Sie sich entspannen können. Gehen Sie in Gedanken einzelne Muskelgruppen in ihrem Körper durch und versuchen Sie aufzuspüren, welche Muskeln noch angespannt sind, und welche bereits ziemlich locker und entspannt sind (................). Machen Sie einige tiefe Atemzüge, atmen Sie tief ein und dann langsam wieder aus (.............................................). Atmen Sie dabei so, daß sich beim Einatmen die Bauchdecke nach außen wölbt und daß sie beim Ausatmen nach innen einfällt (.......................).

Wir beginnen wieder mit den Händen. Spannen Sie jetzt beide Hände und Unterarme fest an (5), achten Sie auf die Anspannung, die dabei entsteht (5) und lassen Sie auf ihr Entspannungssignal wieder locker (.....). Achten Sie auf den Übergang von der Anspannung zur Entspannung (.......). Spannen Sie jetzt gleichzeitig in beiden Armen die Oberarme, die Unterarme und die Hände fest an und achten Sie auf die Anspannung (5). Lassen Sie nun auf Ihr Signal wieder locker (.................). Versuchen Sie, die Muskeln ganz locker werden zu lassen (............).

Jetzt kommen wir zum Gesicht.
Spannen Sie Ihr ganzes Gesicht an (3), die Stirn (5), die Augenbrauen (5), die Lippen (5) und den Unterkiefer (5), drücken Sie jetzt die Zunge gegen den Gaumen (5) und jetzt wieder auf das eigene Signal hin entspannen (..............). Achten Sie darauf, daß die Muskeln, die Sie soeben angespannt haben, nun ganz entspannt sind, daß s(S)ie ganz locker sind (....................).

Als nächstes gehen wir zu den Nackenmuskeln. Drücken Sie jetzt Ihren Kopf nach vorn auf die Brust, halten Sie die Spannung (5). Lassen Sie nun auf Ihr eigenes Signal wieder locker (..............). Achten Sie auf den Übergang von der Anspannung zur angenehmen Entspannung (...........).

Jetzt kommen wir zu den Schultern. Ziehen Sie jetzt die Schultern nach oben (5) und achten Sie auf die Spannung, die dabei entsteht (5). Und nun auf Ihr Entspannungssignal wieder lockerlassen (...............). Achten Sie auf das angenehme Gefühl der Entspannung (........). Die Muskeln können immer gelöster werden, bis s(S)ie ganz entspannt sind.

Konzentrieren Sie sich nun auf Ihren Atem, achten Sie darauf, wie die Luft aus- und einströmt (.........................). Halten Sie jetzt nach dem Einatmen die Luft kurze Zeit an (3), achten Sie auf die Spannung in Ihrer Brust (2) und lassen auf Ihr Signal hin

die Luft wieder ausströmen (............). Wiederholen Sie das Einatmen und achten Sie wieder auf die Spannung (5). Geben Sie sich nun Ihr Signal und atmen Sie langsam wieder aus (.....................).
Jetzt kommen wir zu der Bauchpartie. Spannen Sie jetzt Ihre Bauchmuskeln an und beobachten Sie dabei die Spannung (5). Und nun auf Ihr Signal hin wieder locker lassen (....................). Lassen Sie die Bauchmuskeln ganz locker werden, s(S)ie können dabei immer entspannter werden (................).

Jetzt kommen wir zu den Beinen. Pressen Sie Ihre Fersen fest gegen den Boden, die Zehenspitzen sind dabei gegen das Gesicht gerichtet (5), spannen Sie Oberschenkel und Unterschenkel fest an (5) und entspannen Sie auf Ihr eigenes Entspannungssignal. Achten Sie wieder auf den Unterschied zwischen der Anspannung und der angenehmen Entspannung. Lassen Sie Ihre Muskeln immer lockerer werden und versuchen Sie, sich immer weiter zu entspannen (..............................).

Spüren Sie die Entspannung von den Füßen (....), durch die Beine (...), über die Schultern (....) bis in den Nacken (...) und in den Kopf (........). Lassen Sie den Körper mit seinem ganzen Gewicht auf dem Stuhl ruhen.

Beobachten Sie nun Ihre Atmung, geben Sie sich dabei bei jedem Ausatmen Ihr Entspannungssignal. Die Bauchdecke wölbt sich beim Einatmen nach außen, beim Ausatmen fällt sie nach innen. Geben Sie sich bei jedem Ausatmen Ihr Entspannungssignal. Die Atemzüge können immer langsamer werden, mit jedem Ausatmen kann die Entspannung noch etwas größer werden. Geben Sie sich bei jedem Ausatmen Ihr Entspannungssignal (.............................................).

Beobachten Sie, wie sich die Bauchdecke beim Einatmen nach außen wölbt und beim Ausatmen nach innen fällt. Immer, wenn Sie so atmen, können Sie sich entspannen, geben Sie sich bei jedem Ausatmen Ihr Entspannungssignal.
(.....................................................)

Atmen Sie nun so, daß Sie sehr tief ausatmen und sich dabei versichern, daß die ganze Luft im Bauchraum ausgeatmet wird. Geben Sie sich bei jedem Ausatmen Ihr Entspannungssignal und achten Sie darauf, daß bei jedem tiefen Ausatmen die ganze Luft im Bauchraum ausgeatmet wird. Bei jedem Ausatmen kann die Entspannung deutlicher spürbar werden.

Nun können Sie die Entspannung noch weiter vertiefen, indem Sie nach jedem Ausatmen 3 bis 4 Sekunden warten - und erst dann wieder einatmen.

Tief ausatmen und nach jedem Ausatmen 3 bis 4 Sekunden warten, bis Sie wieder einatmen. Die Atmung kann dabei noch tiefer und langsamer werden. Während die Atmung langsamer wird, kann sich die Entspannung immer weiter vertiefen. Geben

Sie sich bei jedem Ausatmen Ihr Entspannungsignal und lenken Sie Ihre Aufmerksamkeit auf die Ruhe nach dem Ausatmen.

Stellen Sie sich nun vor, daß die Luft durch die Nase in den Bauch fließt und durch die Beine und Füße wieder nach außen fließt.

Geben Sie sich bei jedem Ausatmen Ihr Entspannungssignal. Durch die Nase in den Bauch und durch Beine und Füße wieder nach außen. Sie können die Luft auch in der Vorstellung durch die Arme und die Hände wieder ausfließen lassen. Durch die Nase in den Bauch und durch die Arme und die Hände wieder nach außen.

Atmen Sie weiter über den Bauch und beobachten Sie, wie sich die Bauchdecke beim Einatmen nach außen wölbt und beim Ausatmen nach innen einfällt. Geben Sie sich dabei bei jedem Ausatmen Ihr Entspannungssignal und achten Sie auf die Entspannung beim Ausatmen.

Der übrige Körper kann sich dabei ruhig und locker anfühlen.

Lassen Sie sich nun eine Minute Zeit, um diese Ruhe zu genießen, geben Sie sich dabei weiter bei jedem tiefen Ausatmen Ihr Entspannungssignal.

| |
|---|
| An dieser Stelle kann nun die Visualisierung (individuelle Entspannungsszene S. 99 oder Farbenabfolge S. 101) angefügt werden. |

## Muskulärer Einstieg mit Entspannungssignal, Atementspannung und Visualisierung Sitzend

Nehmen Sie eine möglichst bequeme Haltung ein, legen Sie die Hände auf die Oberschenkel, behalten Sie die Füße am Boden, Schließen Sie die Augen und stellen Sie sich darauf ein, sich entspannen zu können. Gehen Sie in Gedanken einzelne Muskelgruppen in Ihrem Körper durch und versuchen Sie aufzuspüren, welche Muskeln angespannt sind, und welche bereits ziemlich locker und entspannt sind, s(S)ie können dabei mit jedem Ausatmen weiter entspannt werden.
(..........................................................................................................)

Machen Sie einige tiefe Atemzüge, atmen Sie tief ein und dann langsam wieder aus (............................................). Atmen Sie dabei so, daß sich beim Einatmen die Bauchdecke nach außen wölbt und daß sie beim Ausatmen nach innen einfällt.
(..........................................................................................................)

Spannen Sie jetzt alle Muskeln Ihres Körpers gleichzeitig an, spannen Sie die Hände (5), die Arme (5), die Schultern (5), den Bauch (5), den Rücken (5), die Beine (5), die Füße (5), das ganze Gesicht (5). Atmen Sie jetzt tief ein, spüren Sie die Spannung, geben Sie sich Ihr eigenes Entspannungssignal, lassen Sie nun los und atmen Sie dabei tief aus.

Entspannen Sie die ganze Muskulatur, entspannen Sie die Hände (..........), die Arme (..........), die Schultern (...........), den Bauch (..........), den Rücken (...........), die Beine (...........), die Füße (...........), das ganze Gesicht (..........). Entspannen Sie nun alle Muskeln des Körpers, bis keinerlei Spannungen mehr im Körper sind. Mit jedem Ausatmen können die Atemzüge langsamer und ruhiger werden, s(S)ie können mit jedem Ausatmen ruhiger werden.

Beobachten Sie nun Ihre Atmung, geben Sie sich dabei bei jedem Ausatmen Ihr Entspannungssignal.
(..........................................................................................................)
Die Bauchdecke wölbt sich beim Einatmen nach außen, beim Ausatmen fällt sie nach innen. Geben Sie sich bei jedem Ausatmen Ihr Entspannungssignal.
(..........................................................................................................)
Die Atemzüge können immer langsamer werden, mit jedem Ausatmen kann die Entspannung noch etwas größer werden. Geben Sie sich bei jedem Ausatmen Ihr Entspannungssignal.
(..........................................................................................................)
Beobachten Sie, wie sich die Bauchdecke beim Einatmen nach außen wölbt und beim Ausatmen nach innen fällt. Immer, wenn Sie so atmen, können Sie sich entspannen, geben Sie sich bei jedem Ausatmen Ihr Entspannungssignal. Atmen Sie nun so, daß

Sie sehr tief ausatmen und sich dabei versichern, daß die ganze Luft im Bauchraum ausgeatmet wird.

(..........................................................................................................)

Geben Sie sich bei jedem Ausatmen Ihr Entspannungssignal und achten Sie darauf, daß bei jedem tiefen Ausatmen die ganze Luft im Bauchraum ausgeatmet wird. Mit jedem Ausatmen kann die Entspannung deutlicher spürbar werden.

(..........................................................................................................)

Nun können Sie die Entspannung noch weiter vertiefen, indem Sie nach jedem Ausatmen 3 bis 4 Sekunden warten - und erst dann wieder einatmen.

(..........................................................................................................)

Die Muskeln können sich dabei immer weiter entspannen, bis s(S)ie ganz entspannt und locker sind. Während Sie sich auf die Atmung konzentrieren, können s(S)ie immer entspannter werden.

Tief ausatmen und nach jedem Ausatmen 3 bis 4 Sekunden warten, bis Sie wieder einatmen. Die Atmung kann dabei noch tiefer und langsamer werden. Während die Atmung langsamer wird, kann sich die Entspannung immer weiter vertiefen. Geben Sie sich bei jedem Ausatmen Ihr Entspannungsignal und lenken Sie Ihre Aufmerksamkeit auf die Ruhe nach dem Ausatmen.

Atmen Sie weiter tief aus. Geben Sie sich bei jedem Ausatmen Ihr Entspannungssignal. Atmen Sie nun einige Atemzüge so, daß Sie beim Einatmen die Bauchdecke ganz weit nach außen bewegen und daß Sie die Bauchdecke beim Ausatmen ganz weit einziehen. Achten Sie darauf, daß der Weg, den die Bauchdecke dabei zurücklegt, möglichst groß ist.

(.......................................................................................)

Geben Sie sich dabei bei jedem Ausatmen Ihr Entspannungsignal.

(.......................................................................................)

Nun können Sie noch weiter entspannt werden, indem Sie beim Einatmen Ihre Atemzüge zählen, und sich beim Ausatmen Ihr Entspannungssignal geben.

Zählen Sie einfach bei jedem Einatmen die Atemzüge, geben Sie sich bei jedem tiefen Ausatmen Ihr Entspannungssignal und achten Sie darauf, wie die Entspannung dabei mit jedem Ausatmen zunehmend tiefer werden kann.

(..................................................................................................................................
...........................................)

Zählen Sie einfach bei jedem Einatmen die Atemzüge, geben Sie sich bei jedem tiefen Ausatmen Ihr Entspannungssignal und achten Sie darauf, wie die Entspannung dabei mit jedem Ausatmen zunehmend tiefer werden kann.

Der übrige Körper kann sich dabei ruhig und locker anfühlen.

> An dieser Stelle kann nun die Visualisierung (individuelle Entspannungsszene S. 99 oder Farbenabfolge S. 101) angefügt werden.

## Konzentrative Entspannung

Legen oder setzen Sie sich ganz ruhig und locker hin und schließen Sie die Augen. Sie können sich darauf einstellen, sich zu entspannen.

Konzentrieren Sie nun die ganze Aufmerksamkeit auf die Muskeln Ihres Körpers. Wir werden nun alle für die Entspannung wichtigen Muskelgruppen nacheinander durchgehen und versuchen, s(S)ie durch reine Konzentration zu lockern und zu entspannen, ohne sie vorher anzuspannen.

Lenken Sie Ihre Wahrnehmung nun zunächst auf Ihre rechte Hand. Lassen Sie dabei die Fingerspitzen ganz entspannt und locker werden. Lassen Sie den Daumen ganz locker werden, den Zeigefinger ganz locker werden, den Mittelfinger ganz locker werden, den Ringfinger und den kleinen Finger ganz locker werden. Lassen Sie auch das Handinnere ganz locker und entspannt werden. Die Handmuskeln können ganz locker und entspannt werden, s(S)ie können mit jedem Ausatmen lockerer und entspannter werden.

Konzentrieren Sie sich dabei auf das Ausatmen und geben Sie sich bei jedem Ausatmen Ihr Entspannungssignal.

Lenken Sie nun die Aufmerksamkeit auf die linken Hand. Lassen Sie die Fingerspitzen der linken Hand ganz locker werden. Lassen Sie den Daumen ganz locker werden, den Zeigefinger ganz locker werden, den Mittelfinger ganz locker werden, den Ringfinger und den kleinen Finger ganz locker werden. Lassen Sie dann die Handinnenfläche durch die Konzentration darauf ganz locker und entspannt werden.

Konzentrieren Sie sich dabei auf das Ausatmen und geben Sie sich bei jedem Ausatmen Ihr Entspannungssignal.

Konzentrieren Sie sich nun auf die beiden Unterarme: Lassen Sie auch die Unterarme ganz locker und entspannt werden, s(S)ie können dabei zunehmend entspannter werden. Gehen Sie nun weiter zu den Oberarmen. Lassen Sie auch die Oberarme ganz locker und entspannt werden, indem Sie sich darauf konzentrieren.

Gehen Sie nun mit Ihrer Konzentration weiter in den Schulterbereich. Lassen Sie die Schultern ganz locker und entspannt werden, s(S)ie können sich dabei zunehmend entspannen.

Konzentrieren Sie sich dabei auf das Ausatmen und geben Sie sich bei jedem Ausatmen Ihr Entspannungssignal.

Gehen Sie nun mit Ihrer Konzentration in die Nackenmuskulatur. Lassen Sie die Muskelgruppen im Nacken ganz locker, bis s(S)ie ganz entspannt sind.

Lenken Sie nun die Gedanken auf die Rückenmuskulatur. Lassen Sie auch die Rückenmuskeln ganz entspannt werden, bis s(S)ie ganz locker und entspannt sind.

Konzentrieren Sie sich dabei auf das Ausatmen und geben Sie sich bei jedem Ausatmen Ihr Entspannungssignal.

Konzentrieren Sie dann Ihre Gedanken auf die Gesichtsmuskulatur. Lassen Sie die Gesichtsmuskeln ganz locker werden, bis s(S)ie weiter und weiter entspannt werden. Entspannen Sie die Stirn, entspannen Sie die Wangen und den Kiefer, entspannen Sie die Mundpartie, die Zähne nicht aufeinanderbeißen.

Konzentrieren Sie sich dabei auf das Ausatmen und geben Sie sich bei jedem Ausatmen Ihr Entspannungssignal.

Konzentrieren Sie sich nun auf die Oberschenkelmuskulatur. Lassen Sie die Oberschenkelmuskeln ganz locker werden, Sie können dabei i(I)hre Entspannung wahrnehmen. Gehen Sie dann weiter zu der Unterschenkelmuskulatur. Lassen Sie auch die Unterschenkelmuskeln ganz locker, bis s(S)ie sich ganz entspannt fühlen.

Konzentrieren Sie sich nun zuletzt auf die Füße. Lassen Sie die Füße bishin zu den Zehen ganz entspannt und locker werden und nehmen Sie wahr, wie entspannt s(S)ie sind.

Konzentrieren Sie sich dabei auf das Ausatmen und geben Sie sich bei jedem Ausatmen Ihr Entspannungssignal.

Um die Übung zu beenden, gehen wir wieder in vier Schritten vor:

Bewegen Sie jetzt die Hände (.......).
Bewegen Sie jetzt Hände und Arme (......).
Bewegen Sie jetzt den ganzen Körper (......).
Und jetzt öffnen Sie die Augen (......).

## 6.13 Dreizehnte Sitzung
Lernschritt: Anwendung in Realsituationen

*Vorbereitung*

> *a) Erfahrungen beim selbständigen Üben?*
>
> *Hinweis:*
> In dieser Sitzung werden zwei Kurzentspannungen durchgeführt. Zusätzlich werden Möglichkeiten geübt, die Entspannung in Realsituationen einzusetzen.

*Durchführung*

> Text: „Muskuläre Minmalform mit Entspannungssignal, Atementspannung und Visualisierung Sitzend“ (S. 118)
>
> Training der Entspannung in Alltagssituationen mit Rollenspielen ca. 2 - 3 Situationen (S. 126).
>
> Text: „Konzentrative Entspannung“ (S. 123)

*Hausaufgabe*

> Anwendung der Kurzentspannung in Realsituationen

*Hinweis:*
Zwischen der 13. und der 14. Sitzung sollte eine größere Pause liegen, damit die Teilnehmer Gelegenheit haben, in Realsituationen zu üben.

## Training der Entspannung in Alltagssituationen mit Rollenspielen

Die Übungen der bisherigen Sitzungen wurden so ausgeführt, daß man sich in eine spezielle Übungssituation an einen ruhigen Ort begeben hat um in dieser Situation, in Ruhe die Übungen im Liegen oder Sitzen durchzuführen. In der Sitzung 13 und 14 geht es nun darum, die bisherigen Übungen in abgewandelter Form in Situationen durchzuführen, in denen sich die Teilnehmer in der natürlichen Umgebung befinden. Die Entspannungsübungen sollen im täglichen Leben installiert werden, ohne daß es einer besonderen Umgebung oder einer besonderen Körperhaltung bedarf.

Um zu verdeutlichen, wie diese Technik in Realsituationen eingesetzt werden kann, können Sie folgende Übung machen:

Beispielübung:

„Setzen stellen Sie sich einfach irgendwo hin und versuchen Sie - während Sie ihre Körperposition nach außen sichtbar nicht ändern - möglichst viel Muskulatur stark anzuspannen. Sie können wahrscheinlich die Fußmuskulatur, die Unterschenkelmuskulatur, die Oberschenkelmuskulatur, die Gesäßmuskulatur, einen Teil der Rücken - und der Buchmuskulatur sowie eventuell die Schulter - und Oberarmmuskulatur anspannen, ohne nach außen hin sichtbar Ihre Position zu verändern."

Beispiele für die Anwendung in speziellen Situationen:
Mit einiger Übung können die Teilnehmer ähnliche Übungen wie die oben beschriebene in etwas abgewandelter Form in den verschiedensten alltäglichen Situationen durchführen. Nachfolgend sind einige Vorschläge dazu aufgeführt. Sie können auch alle möglichen anderen, selbstdefinierten Übungen durchführen, die in Ihrer konkreten Umgebung möglich sind. Bei den nachfolgenden Beispielen ist nur der Teil der muskulären An- und Entspannung beschrieben.
Die Systematik:
„Anspannen - Einatmen - Entspannungssignal - Loslassen - Ausatmen"
wird hier natürlich genauso wie bei den vorhergehenden Sitzungen angewandt. Ebenso kann im Anschluß an die muskuläre Entspannung die Visualisierung erfolgen.

*Behandlung im Kurs*

In der Kursstunde sollte der Einsatz der Entspannung in zwei bis drei Realsituationen mit je einem Teilnehmer demonstriert werden. Die anderen Teilnehmer können dabei natürlich parallel die Übung mitmachen. Man kann den Einsatz der Entspannung in Realsituationen entweder anhand der obigen Beispiele demonstrieren oder für die

Demonstration Realsituationen der Teilnehmer verwenden. Am Schluß dieser Sitzung sollte für jeden Teilnehmer mindestens eine Situation festgelegt werden, in der er die Entspannung bis zu nächsten Sitzung erproben möchte.
Beispiele für muskuläre An- und Entspannungsmöglichkeiten in verschiedenen Realsituationen:

| Am Schreibtisch: |
|---|

- Drücken Sie die Beine auf den Boden.
- Drücken Sie die Knie aneinander.
- Legen sie die flachen Hände unter die Tischplatte und drücken Sie nach oben.
- Drücken Sie den Oberkörper und die Schultern gegen die Stuhllehne.
- Spannen Sie die Oberschenkel-, Unterschenkel- und Fußmuskulatur an.
- umfassen Sie einen Stift und spannen Sie die Hände und Unterarme an.
- Spannen sie die Gesäßmuskulatur an.
- ...

| Im Auto (als Beifahrer oder auf dem Parkplatz): |
|---|

- Drücken Sie den Oberkörper nach hinten in den Sitz.
- Drücken Sie mit den flachen Händen gegen das Dach.
- Umfassen Sie das Lenkrad, spannen Sie Hände, Unter- und Oberarme.
- Umfassen Sie das Lenkrad und drücken sie es nach innen zusammen, spannen. Sie dabei die Oberarme an.
- Drücken Sie den Kopf gegen die Kopfstütze, spannen Sie dabei den Hals an.
- Drücken Sie die Hände gegen das Armaturenbrett, spannen Sie dabei die Schultern an.
- Drücken sie beide Oberarme seitlich gegen den Oberkörper.
- ...

| Im Zahnarztstuhl: |
|---|

- Spannen sie die Füße, Unterschenkel und Oberschenkel an, indem Sie sie gegen den Stuhl drücken.
- Drücken Sie den Kopf (in einer Behandlungspause !) nach hinten gegen den Stuhl.
- Ballen Sie die Hände zur Faust.
- Drücken Sie die Arme nach unten auf die Armlehne.
- Ziehen Sie die Hände im Handgelenk nach oben.
- Spannen Sie den Bauch an, indem Sie ihn ganz weit nach außen drücken.
- Spannen Sie den Bauch an, indem Sie ihn ganz weit einziehen.
- Ziehen Sie beide Zehenreihen zum Körper hin.
- ...

Im Flugzeug oder in der Bahn:

- Drücken Sie die Füße auf den Boden.
- Ziehen Sie die Füße hoch, während die Fersen am Boden bleiben.
- Drücken Sie den Oberkörper gegen den Sitz.
- Drücken Sie die Arme auf die Armlehnen.
- Drücken Sie den Kopf gegen die Rückenlehne.
- Spannen Sie Ober- und Unterschenkel an.
- Umfassen Sie die Kopfstütze, drücken Sie den Kopf dagegen und ziehen Sie mit den Armen an der Kopfstütze.
- ...

Das Ziel des Einsatzes der Techniken in Realsituationen ist es, daß die Teilnehmer in ihrer natürlichen Umgebung ohne Vorbereitungen im Minutenbereich zu einer Entspannung gelangen. Im Extremfall kann das Entspannungstraining dann auch in der Gegenwart anderer Menschen durchgeführt werden, ohne nach außen hin für andere sichtbar viel zu verändern.

Bei einem Vortrag:

- Spannen Sie die Fuß - und Unterschenkelmuskulatur an.
- Spannen Sie die Oberschenkelmuskulatur an.
- Spannen Sie die Oberarmmuskeln an.
- Umfassen Sie einen Stift, Lineal etc. und drücken ihn zusammen.
- ...

In einem Vorstellungsgespräch oder in einer Prüfung:

- Spannen Sie die Fußmuskulatur an.
- Spannen Sie die Oberschenkelmuskulatur an.
- Spannen Sie die Oberschenkelnuskulatur an.
- Spannen Sie die ganze Fuß- und Beinmuskulatur an.
  (Dies geht natürlich besonders gut, wenn Sie sich dabei an einem Tisch befinden)
- Spannen Sie die Bauchmuskulatur an.
- Spannen Sie die Rückenmuskulatur an.
- ...

Welche Muskelgruppen man in den Situationen, in denen andere Menschen nicht bemerken sollen, daß man an- und entspannt, benutzt werden können, hängt natürlich auch von der Kleidung ab, die man trägt. Der Einsatz in Realsituationen wird um so leichter fallen und um so unauffälliger sein, je mehr vorher in Übungssituationen geübt wurde und je intensiver geübt wurde, die Entspannung an das Entspannungssignal und an die Atmung zu konditionieren.

## 6.14 Vierzehnte Sitzung
## Lernschritt: Anwendung in Realsituationen

*Vorbereitung*

*a) Erfahrungen beim selbständigen Üben?*

* Erfahrungen beim Einsatz in Realsituationen?

*b) allgemeine Vorbereitung: (siehe Kapitel 3)*

*c) spezielle Vorbereitung:*

* Stühle bereitstellen
* Hinweis: In dieser Sitzung erfolgen zwei kurze Entspannungen und ein Input zum Thema „Verhaltensänderung“.

*Durchführung*

Text: „Muskulärer Einstieg, Entspannungssignal, Atementspannung und Visualisierung Sitzend“ (S. 121)

Input zum Thema: „Verhaltensänderung“ (S. 130)

Text: „Konzentrative Entspannung“ (S. 123)

*Abschlußbesprechung*

* In welchem Ausmaß wurden die Kursziele erreicht?
* Wie wird die Anwendbarkeit in der Realität eingeschätzt?
* Gibt es Verbesserungsmöglichkeiten in den Durchführungsmodalitäten (Raum, Übungszeiten, ...)?

## Input zum Thema „Verhaltensänderung“

Das Erlernen eines Entspannungsverfahrens und dessen Integration in das tägliche Leben unterliegt den gleichen Gesetzmäßigkeiten wie jede Verhaltensänderung. Solche allgemeinen Prinzipien sollten in der letzten Kursstund dargestellt und mit den Kursteilnehmern diskutiert werden. Dies dient der Vorbereitung auf eventuell auftretende Schwierigkeiten beim Transfer des gelernten in den gewöhnlichen Tagesablauf außerhalb des Kurses. In dieser Stunde wird der kognitive Aspekt der Verhaltensänderung in den Vordergrund gerückt.
Im Kurs kann dies in Form eines Gespräches darüber vermittelt werden, welche Schwierigkeiten die Teilnehmer beim Umsetzen des Gelernten in tägliche Leben sehen. Die nachstehend aufgeführten Prinzipien können erläutert werden. Ein Einsatzplan wird beispielhaft aus der realen Situation eines Teilnehmers heraus mit den Kursteilnehmern entwickelt.

*Die Technik dann üben, wenn man sie gerade nicht braucht*

Neues Verhalten kann man daann am besten ausprobieren, wenn man sich gerade nicht in Streß- oder Belastungssituationen befindet. In dieser Phaase hat man den „Kopf frei“, neue Verhaltensweisen zu erproben. In Streß- und Belastungssituationen dagegen besteht die Tendenz, sich so zu verhalten, wie man es „schon immer“ getan hat.

*Inkubation*

Häufig tritt beim Neulernen von Verhalten eine Art „Inkubation“ auf, die ähnlich verläuft wie die Inkubation bei einer Infektion. Es dauert unter Umständen eine gewisse Zeit, bis das neue Verhalten aktiviert wird. Diese Analogie kann als ein Modell für die Zeit nach dem Kurs dienen. Es kann sein, daß es am Anfang nur bedingt gelingt, die Entspannung unmittelbar nach Absolvierung des Kurses im alltäglichen Leben einzusetzen. Nach einiger Zeit kann das gelernte Verhalten „schlagartig“ wieder aktiviert werden.

*Einsatzplan für vorhersehbare Belastungssituationen*

Viele Streß- und Belastungssituationen kommen nicht aus heiterem Himmel, sondern sind entweder bereits einige Zeit vorher absehbar wie z.B. eine Prüfung oder laufen häufig in ähnlicher Weise ab, z.B. Streitgespräche, Situationen mit Zeitdruck, etc. Für solche Situationen ist es günstig, einen „Einsatzplan“ zu erstellen. Dazu überlegt man sich, wie die betreffende Situation aussehen könnte, wie man genau in der Situation die Entspannung einsetzen möchte und zu welchem Zeitpunkt man das tun möchte. Eine andere Art, sich auf absehbare problematische Situationen vorzubereiten, ist es, unmittelbar vor der Situation „in Ruhe" die Entspannung zu üben, soweit die möglich ist.

| Einsatzplan |
| --- |
| Beschreibung der Situation:<br><br>Zeit<br>Ort<br>Andere Personen<br>Was passiert? |
| Welche Muskelgruppen könnte man in dieser Situation anspannen?<br><br><br>Gibt es eine Möglichkeit, in Ruhe vorher zu üben? |
| Zu welchem Zeitpunkt genau (möglichst früh) soll die Entspannung eingesetzt werden? |

*Verhaltensänderung als Prozeß*

Eine Verhaltensänderung erfolgt in der Regel nicht sprunghaft und linear, sondern eher in der Form eines Hin- und Herpendelns zwischen verschiedenen Phasen. Dies kann im Kurs gut anhand des Modells von Prochasa und DiClemente (1992) besprochen werden. Nach diesem Modell vollzieht sich das Verhaltenslernen in fünf Phasen.

In der ersten Phase wird eine Änderung des derzeitigen Verhaltens gar nicht in Betracht gezogen, da man eine Verhaltensänderung nicht für wichtig erachtet, andere Ziele momentan wichtiger sind, man sich nicht in der Lage sieht, das bisherige Verhalten zu ändern oder gar kein Wissen um eventuelle negative Konsequenzen des derzeitigen Verhaltens besteht.

In der zweiten Phase wird ernsthaft über eine Verhaltensänderung nachgedacht, man ist offen für neue Informationen und sucht aktiv nach neuen Informationen. dabei ist aber noch nicht klar, welchen Aufwand eine Verhaltensänderung bedeuten würde. Weiterhin ist das Verhältnis von Aufwand und Nutzen noch unklar.

In der dritten Phase besteht die Bereitschaft zur Veränderung und man plant bereits konkrete Veränderungen. Neues Verhalten wird ausprobiert, es wird dabei geprüft, wo die potentiellen Schwierigkeiten und Barrieren liegen, die das neue Verhalten erschweren würden.

In der anschließenden vierten Phase werden neue Verhaltensweisen in täglichen Leben eingesetzt. Man benötigt aber noch immer ein gewisses Maß an konzentration und Planung, um das neue Verhalten auszuführen.

Befindet man sich in der fünften Phase des Verhaltenserwerbs, so wird das geänderte Verhalten aufrechterhalten und immer mehr „automatisch" ausgeführt.

Die beschriebenen Phasen werden in der Regel nicht in einer strikten Reihenfolge durchlaufen. Viele Verhaltensweisen erreichen nie ein höheres Stadium als die Phase zwei. Es kann auch zu „Rückschlägen" kommen, d.h., man kann sich für eine gewisse Zeit wieder in einer niedereren Phase befinden. Ein solcher „Rückschlag" kann sich in jeder Phase (außer der ersten) ereignen. Ein „Rückschlag" oder „Rückfall" ist in dieser Sichtweise nichts besonderes, sondern eher die Regel als die Ausnahme. Dieses Reframing der Rückschlagproblematik beugt der Enttäuschung vor, die eintreten kann, wenn sich das gelernte Verhalten außerhalb des Kurses nicht sofort umsetzen läßt. Ein „Rückfall" ist ein ganz normaler Teil des Verhaltenslernens.

Modell des Verhaltenslernens nach Prochasa und DiClemente (1992):

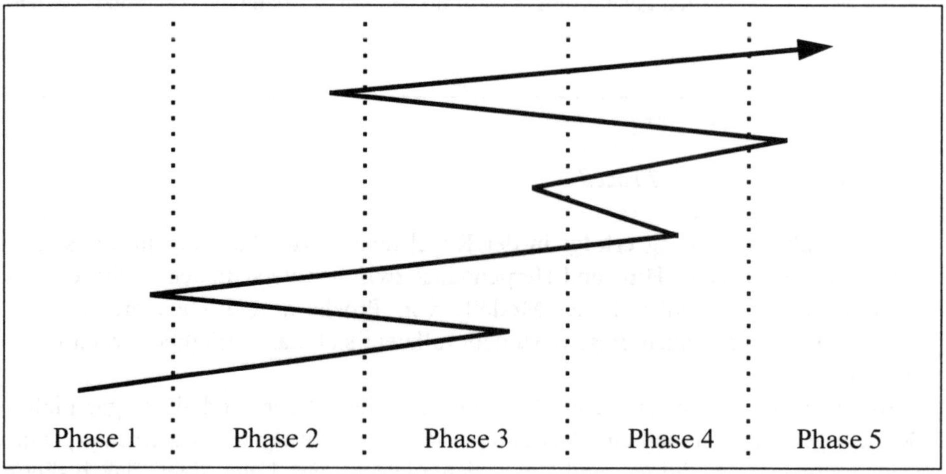

# 7. Anhang

Im Anhang befinden sich fünf zusätzliche Texte, die außerhalb der normalen Übungssystematik an passenden Stellen eingesetzt werden können. Es handelt sich dabei zunächst um den Text „Kurzform Liegend ohne Entspannungssignal" (S. 134), eine Kurzform im Liegen, die immer dann eingesetzt werden kann, wenn das Entspannungssignal im Lernschritt 2 noch nicht eingeführt wurde, aber schon mit einer Verkürzung der muskulären Anspannung begonnen werden soll. Danach folgt der Text „Kurzform Liegend mit Entspannungssignal" (S. 136).

Zusätzlich stehen die Texte „Kurzform Sitzend ohne Entspannungssignal" (S. 138) und „Kurzform Sitzend mit Entspannungssignal" (S. 140) zur Verfügung, bei denen es sich um Kurzformen im Sitzen handelt, die immer dann eingesetzt werden kann, wenn eine Verkürzung der Übungen erfolgen soll, aber die Synchronisation mit der Atmung im Lernschritt 3 noch nicht erfolgt ist.

Als fünfter Zusatztext ist auf Seite 142 der Text „Muskuläre Minimalform Sitzend ohne Entspannungssignal, Atementspannung" wiedergegeben. Bei dieser Übungsform handelt es sich um eine Art der Verkürzung, die sehr frühzeitig und in jeder Phase des Kurses eingesetzt werden kann, „Atementspannung" bedeutet bei dieser Übung nicht, daß die Atmung bereits mit der An- und Entspannung synchronisiert sein muß.

Auf der Seite 145 befindet sich ein Vorschlag für ein Informationsblatt für das Trainingsprogramm, in dem die wichtigsten Informationen für potentielle Teilnehmer zusammengefaßt sind.

Auf der Seite 146 befindet sich eine Kopiervorlage des „Einsatzplanes", der im Lernschritt 6 (Anwendung der Entspannung in Realsituationen) verwendet wird.

## Kurzform Liegend ohne Entspannungssignal

Legen Sie sich locker und bequem auf die Unterlage (.....), die Füße und Knie können auseinanderkippen (...). Winkeln Sie die Ellenbogen leicht an (....). Die Finger können locker und leicht gekrümmt auf der Unterlage liegen (...). Atmen Sie ruhig und tief, beim Einatmen wölbt sich die Bauchdecke nach außen (....), beim Ausatmen fällt sie nach innen (.......). Lassen Sie das Gesicht ganz entspannt werden (.....). Die Augen sind locker geschlossen (....). Die Zähne nicht aufeinanderbeißen (.....).

Wir beginnen wieder mit der rechten Hand, spannen Sie die rechte Hand jetzt auf den Zustand 100 an (10), nun wieder entspannen (.......). Atmen Sie ruhig und tief (.........). Und jetzt die linke Hand auf den Zustand 100 anspannen (10), und nun wieder entspannen (.......). Spannen Sie jetzt beide Hände an (10), und nun wieder entspannen. Die beiden Hände können immer entspannter werden, bis s(S)ie ganz locker sind. Entspannen Sie den Kiefer (....). Die Zähne nicht aufeinanderbeißen (....).

Jetzt gehen wir zu den Ellenbogen. Ballen Sie die Fäuste, beugen Sie die Ellenbogen auf, so daß Sie die Spannung in den Oberarmen spüren (5), nun wieder entspannen (........). Ruhig und tief atmen (......). Ballen Sie jetzt nochmals die Fäuste, beugen Sie die Ellenbogen auf und spannen Sie die Oberarmmuskeln (5). Der übrige Körper bleibt locker und unbeteiligt, nun wieder entspannen (.....). Indem Sie die Muskeln locker lassen, können s(S)ie sich ganz entspannen.

Jetzt die Hände fest nach unten drücken, ganz fest, so daß die Oberarme hinten angespannt werden (5), nun wieder entspannen (.....).
Atmen Sie ruhig und tief (.........). Lassen Sie den Kiefer locker (...). Die Augenlider sind locker geschlossen (......). Entspannen Sie die Stirnhaut (.....). Jetzt nochmals nur die Arme und Hände anspannen und fest auf die Unterlage drücken (5). Der übrige Körper bleibt davon ganz unbeteiligt, nun wieder entspannen. Lassen Sie die Hände und Arme wieder locker und spüren Sie dabei, wie s(S)ie entspannter werden. Entspannen Sie die Stirn- und die Kiefermuskeln (.......), bis s(S)ie völlig entspannt sind.

Jetzt gehen wir zu den Schultern. Pressen Sie die Schultern ganz fest nach hinten gegen die Unterlage (5), nun wieder entspannen (.....). Jetzt die Schultern nach vorne zusammenziehen (5), nun wieder entspannen (...........). Jetzt die Schultern einmal kräftig hochziehen, bis an die Ohren (5). Der übrige Körper ist ganz unbeteiligt, nun wieder entspannen (......).
Während Sie die Schultern lockern, kann i(I)hre Entspannung immer tiefer werden. Die Zähne nicht aufeinanderbeißen (......). Halten Sie die Augenlider locker geschlossen (...). Die Stirnhaut kann locker und entspannt sein (.........).

Jetzt gehen wir zu den Beinen. Ziehen Sie jetzt die Füße zum Körper hin (5), nun wieder entspannen (......).
Das Gesicht kann ganz entspannt werden (.......). Jetzt die Zehen nach unten einkrallen, als wollten Sie einen Bleistift festhalten (5), nun wieder entspannen (.......). Lassen Sie den Körper ganz locker liegen (.......). Entspannen Sie Füße und Beine, bis s(S)ie ganz entspannt sind.

Jetzt ein Hohlkreuz machen, auf Unterschenkel und Arme gestützt das Gesäß abheben (5), nun wieder entspannen (.....).

Drücken Sie den Kopf jetzt auf die linke Schulter, ganz fest anspannen (5). Jetzt den Kopf auf die rechte Schulter drücken (5), nun wieder entspannen (.......). Lockern Sie die Muskeln im Kiefer und in der Stirn, s(S)ie können dabei mit jedem Ausatmen entspannter werden. Drücken Sie jetzt den Kopf nach vorn fest auf die Brust (5), und nun wieder entspannen (.......).

Gehen Sie nun noch einmal durch die Arme, und lassen Sie alles locker, die Schultern (.......), die Arme (.....), die Hände (.....) und die Finger (.......), s(S)ie können mit jedem Ausatmen lockerer werden (............). Gehen Sie nun auch in Gedanken durch die Beine und lockern Sie die Beine und Füße, bis s(S)ie ganz entspannt sind (................). Beim Einatmen wölbt sich die Bauchdecke nach außen, beim Ausatmen fällt sie nach innen. Während Sie sich auf die Atmung konzentrieren, kann die Entspannung dabei mit jedem tiefen Ausatmen tiefer werden.

Jetzt kommen wir zum Gesicht. Beißen Sie die Zähne kurz aufeinander (5), und nun lassen Sie wieder los (.....). Jetzt die Lippen spitzen (5), jetzt die Mundwinkel ganz breit auseinanderziehen, einen ganz breiten Mund machen (5), nun wieder entspannen (.............). Jetzt die Augenbrauen nach oben ziehen und die Stirn anspannen (5), jetzt die Augenbrauen über der Nase zusammenziehen (5). Zusätzlich bei geschlossenen Augen die Augäpfel kurz nach links rollen (5) und loslassen. Die Augäpfel nach rechts rollen (5) und loslassen (.....). Die Zunge gegen den Gaumen drücken (5), und nun wieder entspannen. Achten Sie wieder auf den Übergang von der Anspannung zur Entspannung.

Um die Entspannung zu beenden, gehen wir wieder in vier Schritten vor:

Bewegen Sie jetzt die Hände (.......).
Bewegen Sie jetzt Hände und Arme (.......).
Bewegen Sie jetzt den ganzen Körper (.......).
Und jetzt öffnenn sie die Augen (.......).

Richten Sie sich langsam zum Sitzen auf.

## Kurzform Liegend mit Entspannungssignal

Legen Sie sich locker und bequem auf die Unterlage (.....), die Füße und Knie können auseinanderkippen (...). Winkeln Sie die Ellenbogen leicht an (....). Die Finger können locker und leicht gekrümmt auf der Unterlage liegen (...). Atmen Sie ruhig und tief, beim Einatmen wölbt sich die Bauchdecke nach außen (....), beim Ausatmen fällt sie nach innen (.......). Lassen Sie das Gesicht ganz entspannt werden (.....). Die Augen sind locker geschlossen (....). Die Zähne nicht aufeinanderbeißen (.....). Entspannen Sie jeweils auf Ihr eigenes Entspannungssignal.

Wir beginnen wieder mit der rechten Hand, spannen Sie die rechte Hand jetzt auf den Zustand 100 an (10), nun auf das eigene Signal wieder entspannen (.......). Atmen Sie ruhig und tief (.........). Und jetzt die linke Hand auf den Zustand 100 anspannen (10), nun auf das eigene Signal wieder entspannen (.......). Spannen Sie jetzt beide Hände an (10), nun auf das eigene Signal wieder loslassen. Die beiden Hände können mit jedem Ausatmen entspannter werden, bis s(S)ie ganz locker sind.

Entspannen Sie den Kiefer (....). Die Zähne nicht aufeinanderbeißen (....). Jetzt gehen wir zu den Ellenbogen. Ballen Sie die Fäuste, beugen Sie die Ellenbogen auf, so daß Sie die Spannung in den Oberarmen spüren (5), nun auf das eigene Signal wieder entspannen (........). Ruhig und tief atmen (......). Ballen Sie jetzt nochmals die Fäuste, beugen Sie die Ellenbogen auf und spannen Sie die Oberarmmuskeln (5). Der übrige Körper bleibt locker und unbeteiligt. Nun auf das eigene Signal wieder entspannen (...............). Indem Sie die Muskeln locker lassen, können s(S)ie sich ganz entspannen.

Jetzt die Hände fest nach unten drücken, ganz fest, so daß die Oberarme hinten angespannt werden (5), nun auf das eigene Signal wieder entspannen (........). Atmen Sie ruhig und tief (.........). Lassen Sie den Kiefer locker (...). Die Augenlider sind locker geschlossen (......). Entspannen Sie die Stirnhaut (.....). Jetzt nochmals nur die Arme und Hände anspannen und fest auf die Unterlage drücken (5). Der übrige Körper bleibt davon ganz unbeteiligt. Nun auf das eigene Signal wieder entspannen (......). Lassen Sie die Hände und Arme wieder locker und spüren Sie dabei, wie s(S)ie entspannter werden. Entspannen Sie die Stirn- und die Kiefermuskeln (.......), bis s(S)ie völlig entspannt sind.

Jetzt gehen wir zu den Schultern. Pressen Sie die Schultern ganz fest nach hinten gegen die Unterlage (5), nun auf das eigene Signal wieder entspannen (.....). Jetzt die Schultern nach vorne zusammenziehen (5), nun auf das eigene Signal wieder entspannen (...........). Jetzt die Schultern einmal kräftig hochziehen, bis an die Ohren (5). Der übrige Körper ist ganz unbeteiligt, nun auf das eigene Signal wieder entspannen (......). Während Sie die Schultern lockern, kann i(I)hre Entspannung immer tiefer werden. Die Zähne nicht aufeinanderbeißen (...). Halten Sie die

Augenlider locker geschlossen (...). Die Stirnhaut kann locker und entspannt sein (.........).

Jetzt gehen wir zu den Beinen. Ziehen Sie jetzt die Füße zum Körper hin (5), nun auf das eigene Signal wieder entspannen (......). Das Gesicht kann ganz entspannt werden (.......). Jetzt die Zehen nach unten einkrallen, als wollten Sie einen Bleistift festhalten (5), nun auf das eigene Signal wieder entspannen (.......). Lassen Sie den Körper ganz locker liegen (.......). Entspannen Sie Füße und Beine, bis s(S)ie ganz entspannt sind.

Jetzt ein Hohlkreuz machen, auf Unterschenkel und Arme gestützt das Gesäß abheben (5), nun auf das eigene Signal wieder entspannen (.....).

Drücken Sie den Kopf jetzt auf die linke Schulter, ganz fest anspannen (5). Jetzt den Kopf auf die rechte Schulter drücken (5), nun auf das eigene Signal wieder entspannen (.......). Lockern Sie die Muskeln im Kiefer und in der Stirn, s(S)ie können dabei mit jedem Ausatmen entspannter werden. Drücken Sie jetzt den Kopf nach vorn fest auf die Brust (5), nun auf das eigene Signal wieder entspannen (.......).

Gehen Sie nun noch einmal durch die Arme, und lassen Sie alles locker, die Schultern (.......), die Arme (.....), die Hände (.....) und die Finger (.......), s(S)ie können mit jedem Ausatmen lockerer werden (............). Gehen Sie nun auch in Gedanken durch die Beine und lockern Sie die Beine und Füße, bis s(S)ie ganz entspannt sind (................). Beim Einatmen wölbt sich die Bauchdecke nach außen, beim Ausatmen fällt sie nach innen. Während Sie sich auf die Atmung konzentrieren, kann die Entspannung dabei mit jedem tiefen Ausatmen tiefer werden.

Jetzt kommen wir zum Gesicht. Beißen Sie die Zähne kurz aufeinander (5) und nun lassen Sie wieder los. Jetzt die Lippen spitzen (5), jetzt die Mundwinkel ganz breit auseinanderziehen, einen ganz breiten Mund machen (5), nun auf das eigene Signal wieder entspannen (..............). Jetzt die Augenbrauen nach oben ziehen und die Stirn anspannen (5), jetzt die Augenbrauen über der Nase zusammenziehen (5). Zusätzlich bei geschlossenen Augen die Augäpfel kurz nach links rollen (5) und loslassen. Die Augäpfel nach rechts rollen (5) und loslassen (.....). Die Zunge gegen den Gaumen drücken (5), nun auf das eigene Signal wieder entspannen (.......). Achten Sie auf den Übergang von der Anspannung zur Entspannung.

Um die Entspannung zu beenden, gehen wir wieder in vier Schritten vor:

Bewegen Sie jetzt die Hände (.......).
Bewegen Sie jetzt Hände und Arme (.......).
Bewegen Sie jetzt den ganzen Körper (.......).
Und jetzt öffnen sie die Augen (.......).

Richten Sie sich langsam zum Sitzen auf.

## Kurzform Sitzend ohne Entspannungssignal

Nehmen Sie eine möglichst bequeme Haltung ein, legen Sie die Hände auf die Oberschenkel, behalten Sie die Füße am Boden. Schließen Sie die Augen und stellen Sie sich darauf ein, sich entspannen zu können.

Wir beginnen wieder mit der rechten Hand, spannen Sie die rechte Hand jetzt auf den Zustand 100 an (10), nun wieder loslassen. Atmen Sie ruhig und tief (.........). Und jetzt die linke Hand auf den Zustand 100 anspannen (10), nun wieder loslassen. Spannen Sie jetzt beide Hände an (10), und lassen Sie nun wieder los (.....). Die beiden Hände können mit jedem Ausatmen entspannter werden, bis s(S)ie ganz locker sind. Entspannen Sie den Kiefer (....). Die Zähne nicht aufeinanderbeißen (....).

Jetzt gehen wir zu den Ellenbogen. Ballen Sie jetzt die Fäuste, beugen Sie die Ellenbogen auf, so daß Sie die Spannung in den Oberarmen spüren (5), und lassen Sie nun wieder los (.....). Atmen Sie weiter ruhig und tief (...........). Ballen Sie jetzt nochmals die Fäuste, beugen Sie die Ellenbogen auf und spannen Sie die Oberarmmuskeln (5). Der übrige Körper bleibt locker und unbeteiligt. Lassen Sie nun wieder locker (.....). Indem Sie die Muskeln locker lassen, können s(S)ie sich ganz entspannen.

Jetzt die Hände fest auf die Oberschenkel drücken, ganz fest, so daß die Oberarme hinten angespannt werden (5), und lassen Sie nun wieder los (.....). Atmen Sie dabei ruhig und tief (.........). Lassen Sie den Kiefer locker (...). Die Augenlider sind locker geschlossen (......). Entspannen Sie die Stirnhaut (.....). Jetzt nochmals nur die Arme und Hände anspannen und fest auf die Oberschenkel drücken (5). Der übrige Körper bleibt davon ganz unbeteiligt, nun wieder locker lassen (.....). Lassen Sie die Hände und Arme wieder locker und spüren Sie dabei, wie s(S)ie entspannter werden. Entspannen Sie die Stirn- und die Kiefermuskeln (.......), bis s(S)ie völlig entspannt sind.

Jetzt gehen wir zu den Schultern. Pressen Sie die Schultern ganz fest nach hinten (5), und entspannen Sie nun die Schultern wieder. Jetzt die Schultern nach vorne zusammenziehen (5), und nun wieder locker lassen (.....). Jetzt die Schultern einmal kräftig hochziehen, bis an die Ohren (5). Der übrige Körper ist ganz unbeteiligt. Nun wieder locker lassen (.....). Während Sie die Schultern lockern, kann i(I)hre Entspannung immer tiefer werden. Die Zähne nicht aufeinanderbeißen (...). Halten Sie die Augenlider locker geschlossen (...). Die Stirnhaut kann locker und entspannt sein (.........).

Jetzt gehen wir zu den Beinen. Ziehen Sie jetzt die Füße hoch, während die Fersen am Boden bleiben (5), und lassen Sie nun die Beine wieder locker werden (.....). Das

Gesicht kann dabei ganz entspannt werden (...,...). Jetzt die Zehen nach unten einkrallen, als wollten Sie einen Bleistift festhalten (5), und nun wieder loslassen (.....). Lassen Sie den Körper ganz locker (.......). Entspannen Sie Füße und Beine, bis s(S)ie ganz entspannt sind.

Drücken Sie den Kopf jetzt auf die linke Schulter, ganz fest anspannen (5). Jetzt den Kopf auf die rechte Schulter drücken (5), nun wieder locker lassen (.....).
Lockern Sie die Muskeln im Kiefer und in der Stirn, s(S)ie können dabei mit jedem Ausatmen entspannter werden.

Drücken Sie jetzt den Kopf nach vorn fest auf die Brust (5), und entspannen Sie nun wieder (....). Gehen Sie nun noch einmal durch die Arme, und lassen Sie alles locker, die Schultern (.......), die Arme (.....), die Hände (.....) und die Finger (.......), s(S)ie können dabei mit jedem Ausatmen lockerer werden (............). Gehen Sie nun auch in Gedanken durch die Beine und lockern Sie die Beine und Füße, bis s(S)ie ganz entspannt sind (................).

Beim Einatmen wölbt sich die Bauchdecke nach außen, beim Ausatmen fällt sie nach innen. Während Sie sich auf die Atmung konzentrieren, kann die Entspannung dabei mit jedem tiefen Ausatmen tiefer werden.

Jetzt kommen wir zum Gesicht. Beißen Sie die Zähne kurz aufeinander (5) und nun lassen Sie wieder los (.....). Jetzt die Lippen spitzen (5), jetzt die Mundwinkel ganz breit auseinanderziehen, einen ganz breiten Mund machen (5), und nun wieder entspannen (.....).

Jetzt die Augenbrauen nach oben ziehen und die Stirn anspannen (5), und nun wieder entspannen (.....). Jetzt die Augenbrauen über der Nase zusammenziehen (5), und nun wieder loslassen (.....). Jetzt bei geschlossenen Augen die Augäpfel kurz nach links rollen (5) und nun wieder loslassen (.....). Die Augäpfel nach rechts rollen (5) und nun wieder loslassen (.....). Jetzt die Zunge gegen den Gaumen drücken (5), und nun wieder entspannen (.....). Achten Sie auf den Übergang von der Anspannung zur Entspannung.

Um die Übung zu beenden, werden wir wieder in vier Schritten vorgehen:

Bewegen Sie jetzt die Hände (.........).
Bewegen Sie jetzt Hände und Arme (.......).
Bewegen Sie jetzt den ganzen Körper (......).
Und jetzt öffnen Sie die Augen (......).

## Kurzform Sitzend mit Entspannungssignal

Nehmen Sie eine möglichst bequeme Haltung ein, legen Sie die Hände auf die Oberschenkel, behalten Sie die Füße am Boden. Schließen Sie die Augen und stellen Sie sich darauf ein, sich entspannen zu können. Entspannen Sie jeweils auf Ihr eigenes Entspannungssignal.

Wir beginnen wieder mit der rechten Hand, spannen Sie die rechte Hand jetzt auf den Zustand 100 an (10), nun das Entspannungssignal geben und wieder loslassen. Atmen Sie ruhig und tief (.........). Und jetzt die linke Hand auf den Zustand 100 anspannen (10), nun auf das Entspannungssignal wieder loslassen. Spannen Sie jetzt beide Hände an (10), und lassen Sie nun auf das Entspannungssignal wieder los (.....). Die beiden Hände können mit jedem Ausatmen entspannter werden, bis s(S)ie ganz locker sind. Entspannen Sie den Kiefer (....). Die Zähne nicht aufeinanderbeißen (....).

Jetzt gehen wir zu den Ellenbogen. Ballen Sie jetzt die Fäuste, beugen Sie die Ellenbogen auf, so daß Sie die Spannung in den Oberarmen spüren (5), geben Sie sich Ihr Entspannungssignal und lassen Sie nun wieder los (.....). Atmen Sie weiter ruhig und tief (...........). Ballen Sie jetzt nochmals die Fäuste, beugen Sie die Ellenbogen auf und spannen Sie die Oberarmmuskeln (5). Der übrige Körper bleibt locker und unbeteiligt. Lassen Sie nun auf das eigene Signal wieder locker (.....). Indem Sie die Muskeln locker lassen, können s(S)ie sich ganz entspannen.

Jetzt die Hände fest auf die Oberschenkel drücken, ganz fest, so daß die Oberarme hinten angespannt werden (5), geben Sie sich nun Ihr Entspannungssignal und lassen Sie wieder los (.....). Atmen Sie dabei ruhig und tief (.........). Lassen Sie den Kiefer locker (...). Die Augenlider sind locker geschlossen (......). Entspannen Sie die Stirnhaut (.....). Jetzt nochmals nur die Arme und Hände anspannen und fest auf die Oberschenkel drücken (5). Der übrige Körper bleibt davon ganz unbeteiligt, nun auf das eigene Signal wieder locker lassen (.....). Lassen Sie die Hände und Arme wieder locker und spüren Sie dabei, wie s(S)ie entspannter werden. Entspannen Sie die Stirn- und die Kiefermuskeln (.......), bis s(S)ie völlig entspannt sind.

Jetzt gehen wir zu den Schultern. Pressen Sie die Schultern ganz fest nach hinten (5), und entspannen Sie nun die Schultern wieder auf Ihr eigenes Signal. Jetzt die Schultern nach vorne zusammenziehen (5), und nun auf das Entspannungssignal wieder locker lassen (.....). Jetzt die Schultern einmal kräftig hochziehen, bis an die Ohren (5). Der übrige Körper ist ganz unbeteiligt. Nun das eigene Signal geben und wieder locker lassen (.....). Während Sie die Schultern lockern, kann i(I)hre Entspannung immer tiefer werden. Die Zähne nicht aufeinanderbeißen (...). Halten Sie die Augenlider locker geschlossen (...). Die Stirnhaut kann locker und entspannt sein (.........).

Jetzt gehen wir zu den Beinen. Ziehen Sie jetzt die Füße hoch, während die Fersen am Boden bleiben (5), und lassen Sie nun die Beine auf Ihr Entspannungssignal wieder locker werden (.....). Das Gesicht kann dabei ganz entspannt werden (.......). Jetzt die Zehen nach unten einkrallen, als wollten Sie einen Bleistift festhalten (5), und nun auf das Signal wieder loslassen (.....). Lassen Sie den Körper ganz locker (.......). Entspannen Sie Füße und Beine, bis s(S)ie ganz entspannt sind.

Drücken Sie den Kopf jetzt auf die linke Schulter, ganz fest anspannen (5). Jetzt den Kopf auf die rechte Schulter drücken (5), nun das Signal geben und wieder locker lassen (.....). Lockern Sie die Muskeln im Kiefer und in der Stirn, s(S)ie können dabei mit jedem Ausatmen entspannter werden.

Drücken Sie jetzt den Kopf nach vorn fest auf die Brust (5), und entspannen Sie nun wieder auf Ihr eigenes Entspannungssignal (....). Gehen Sie nun noch einmal durch die Arme, und lassen Sie alles locker, die Schultern (.......), die Arme (.....), die Hände (.....) und die Finger (.......), s(S)ie können mit jedem Ausatmen lockerer werden (............). Gehen Sie nun auch in Gedanken durch die Beine und lockern Sie die Beine und Füße, bis s(S)ie ganz entspannt sind (................).

Beim Einatmen wölbt sich die Bauchdecke nach außen, beim Ausatmen fällt sie nach innen. Während Sie sich auf die Atmung konzentrieren, kann die Entspannung dabei mit jedem tiefen Ausatmen tiefer werden.

Jetzt kommen wir zum Gesicht. Beißen Sie die Zähne kurz aufeinander (5) und nun lassen Sie auf Ihr Signal wieder los (.....). Jetzt die Lippen spitzen (5), jetzt die Mundwinkel ganz breit auseinanderziehen, einen ganz breiten Mund machen (5), und nun auf das Entspannungssignal hin wieder entspannen (.....).

Jetzt die Augenbrauen nach oben ziehen und die Stirn anspannen (5), und nun auf das Signal hin wieder entspannen (.....). Jetzt die Augenbrauen über der Nase zusammenziehen (5), und nun auf Ihr Signal wieder loslassen (.....). Jetzt bei geschlossenen Augen die Augäpfel kurz nach links rollen (5) und auf das Signal hin loslassen (.....). Die Augäpfel nach rechts rollen (5) und nun auf das Entspannungssignal loslassen (.....). Jetzt die Zunge gegen den Gaumen drücken (5), und nun auf das eigene Entspannungssignal hin wieder entspannen (.....).

Um die Übung zu beenden, werden wir wieder in vier Schritten vorgehen:

Bewegen Sie jetzt die Hände (.........).
Bewegen Sie jetzt Hände und Arme (.......).
Bewegen Sie jetzt den ganzen Körper (......).
Und jetzt öffnen Sie die Augen (......).

## Muskuläre Minimalform Sitzend ohne Entspannungssignal, Atementspannung

Nehmen Sie eine möglichst bequeme Haltung ein, legen Sie die Hände auf die Oberschenkel, behalten Sie die Füße am Boden, Schließen Sie die Augen und stellen Sie sich darauf ein, daß Sie sich entspannen wollen.

Gehen Sie in Gedanken einzelne Muskelgruppen in ihrem Körper durch und versuchen Sie aufzuspüren, welche Muskeln noch angespannt sind, und welche bereits ziemlich locker und entspannt sind (................).

Machen Sie einige tiefe Atemzüge, atmen Sie tief ein und dann langsam wieder aus. (..............................................). Atmen Sie dabei so, daß sich beim Einatmen die Bauchdecke nach außen wölbt und daß sie beim Ausatmen nach innen einfällt (......................).

Wir beginnen wieder mit den Händen. Spannen Sie jetzt beide Hände und Unterarme fest an (3), achten Sie auf die Anspannung, die dabei entsteht (3) und lassen Sie wieder locker (.....). Achten Sie auf den Übergang von der Anspannung zur Entspannung (.......).

Spannen Sie jetzt in beiden Armen die Oberarme, die Unterarme und die Hände fest an und achten Sie auf die Anspannung (5). Lassen Sie wieder locker (.................). Versuchen Sie, die Muskeln ganz locker werden zu lassen (............).

Jetzt kommen wir zum Gesicht.
Spannen Sie ihr ganzes Gesicht an (3), die Stirn (2), die Augenbrauen (2), die Lippen (2) und den Unterkiefer (2), drücken Sie jetzt die Zunge gegen den Gaumen (2) und nun wieder entspannen (..............). Achten Sie darauf, daß die Muskeln, die Sie soeben angespannt haben, nun ganz entspannt sind, sie können dabei immer entspannter werden (....................).

Als nächstes gehen wir zu den Nackenmuskeln. Drücken Sie jetzt ihren Kopf nach vorn auf die Brust, halten Sie die Spannung (5). Lassen Sie nun wieder locker (..............). Achten Sie auf den Übergang von der Anspannung zur angenehmen Entspannung (...........).

Jetzt kommen wir zu den Schultern. Ziehen Sie jetzt die Schultern nach oben (3) und achten Sie auf die Spannung, die dabei entsteht (3). Und nun wieder lockerlassen (..............) .Achten Sie auf das angenehme Gefühl der Entspannung (........). Die Muskeln können immer gelöster werden, bis s(S)ie ganz entspannt sind.

Konzentrieren Sie sich jetzt auf ihren Atem, achten Sie darauf, wie die Luft aus- und einströmt (.........................). Halten sie jetzt nach dem Einatmen die Luft kurze Zeit an (3), achten Sie auf die Spannung in ihrer Brust (2) und lassen Sie nun die Luft wieder ausströmen (............). Wiederholen Sie das Einatmen und achten Sie wieder auf die Spannung (4) und atmen Sie nun langsam wieder aus (.....................).

Jetzt kommen wir zu der Bauchpartie (2). Spannen Sie ihre Bauchmuskeln an und beobachten Sie dabei die Spannung (4). Und nun wieder locker lassen (....................). Lassen Sie die Bauch-muskeln ganz locker werden, bis s(S)ie ganz entspannt werden (................).

Jetzt kommen wir zu den Beinen. Pressen Sie ihre Fersen fest gegen den Boden, die Zehenspitzen sind dabei gegen das Gesicht gerichtet (4), spannen Sie Oberschenkel und Unterschenkel fest an (4) und entspannen Sie nun wieder.
Achten Sie wieder auf den Unterschied zwischen der Anspannung und der angenehmen Entspannung. Lassen Sie ihre Muskeln immer lockerer werden und versuchen Sie, sich immer weiter zu entspannen (...............................).

Spüren Sie die Entspannung von den Füßen (....), durch die Beine (...), über die Schultern (....) bis in den Nacken (...) und in den Kopf (........).
Lassen Sie den Körper mit seinem ganzen Gewicht auf dem Stuhl ruhen.

Beobachten Sie nun ihre Atmung. Die Bauchdecke wölbt sich beim Einatmen nach außen, beim Ausatmen fällt sie nach innen. Die Atemzüge können immer langsamer werden, mit jedem Ausatmen kann die Entspannung noch etwas größer werden (.............................). Beobachten Sie, wie sich die Bauchdecke beim Einatmen nach außen wölbt und beim Ausatmen nach innen fällt (................................). Immer wenn Sie so atmen, können Sie sich entspannen. Atmen Sie nun so, daß Sie sehr tief ausatmen und sich dabei versichern, daß die ganze Luft im Bauchraum ausgeatmet wird.

Achten Sie darauf, daß bei jedem tiefen Ausatmen die ganze Luft im Bauchraum ausgeatmet wird. Bei jedem Ausatmen kann die Entspannung deutlicher spürbar werden.

Nun können Sie die Entspannung noch weiter vertiefen, indem Sie nach jedem Ausatmen 3 bis 4 Sekunden warten - und erst dann wieder einatmen.

Tief ausatmen und nach jedem Ausatmen 3 bis 4 Sekunden warten, bis Sie wieder einatmen. Die Atmung kann dabei noch tiefer und langsamer werden. Während die Atmung langsamer wird, kann sich die Entspannung immer weiter vertiefen. Lenken Sie ihre Aufmerksamkeit auf die Ruhe nach dem Ausatmen.

Stellen Sie sich nun vor, daß die Luft durch die Nase in den Bauch fließt und durch die Beine und Füße wieder nach außen fließt. Durch die Nase in den Bauch und durch Beine und Füße wieder nach außen.

Sie können die Luft auch in der Vorstellung durch die Arme und die Hände wieder ausfließen lassen. Durch die Nase in den Bauch und durch die Arme und die Hände wieder nach außen.

Atmen Sie weiter über den Bauch und beobachten Sie, wie sich die Bachdecke beim Einatmen nach außen wölbt und beim Ausatmen nach innen einfällt. Achten Sie auf die Entspannung beim Ausatmen. Der übrige Körper kann sich dabei ruhig und locker anfühlen.

Lassen Sie sich nun eine Minute Zeit, um diese Ruhe zu genießen.
(..................................................)

Um die Übung zu beenden, werden wir wieder in 4 Schritten vorgehen:

Bewegen Sie jetzt die Hände (.........).
Bewegen Sie jetzt Hände und Arme (.......).
Bewegen Sie jetzt den ganzen Körper (......).
Und jetzt öffnen Sie die Augen (......).

# Informationsblatt zur „Progressiven Muskelrelaxation“

Das Verfahren der „Progressiven Muskelrelaxation“ (zunehmende Muskelentspannung, PMR) wurde in den 30er Jahren von dem Amerikaner Edmund Jacobsen entwickelt, es ist daher auch unter der Bezeichnung „Jacobsen - Entspannung“ bekannt. Ziel dieses Verfahrens ist es, sich in oder nach streßreichen Situationen entspannen zu können. Dies geschieht durch ein starkes Anspannen verschiedener Muskelgruppen, gefolgt von einem Entspannen der jeweiligen Muskelpartien. Dadurch wird die Sensibilität für die muskuläre Anspannung und für physische und psychische Anspannungen generell erhöht und somit die Möglichkeit geschaffen, diesen Anspannungen entgegenzuwirken, bzw. sie erst gar nicht entstehen zu lassen.

Durch zunächst rein körperliche Entspannung wird dabei ein innerer Ruhe- und Entspannungszustand herbeigeführt. Zusätzlich zu der muskulären Entspannung werden später auch Atem- und Imaginationstechniken in das Verfahren integriert. Die Entspannungsmethode der Progressiven Muskelentspannung ist in der Regel schneller und leichter zu erlernen als andere Entspannungsmethoden, da der Ansatzpunkt die willentlich beeinflußbare Muskulatur darstellt.

In welchen Bereichen kann das Verfahren angewandt werden?

- „Abschalten“ bei Reizüberflutung
- Regeneration bei vorangegangenen Belastungen
- Vorbereitung auf zu erwartende Belastungen
- Kompensation von Streß
- Entspannung in „kritischen“ Situationen
- Beeinflußung von Schmerzen
- Schlaflosigkeit
- bestimmte Formen von Ängsten

## Kursort:

## Kurszeit:

## Anmeldung bei:

| Einsatzplan |
|---|
| Beschreibung der Situation:<br><br>Zeit<br>Ort<br>Andere Personen<br>Was passiert? |
| Welche Muskelgruppen könnte man in dieser Situation anspannen?<br><br><br>Gibt es eine Möglichkeit, in Ruhe vorher zu üben? |
| Zu welchem Zeitpunkt genau (möglichst früh) soll die Entspannung eingesetzt werden? |

# Literatur


Araoz, D. (1989): *Die neue Hypnose*, Paderborn: Junfermann.

Bandler, R. und Mac Donald, W. (1991): *Der feine Unterschied*, Paderborn: Junfermann.

Bandler, R. und Grinder, J. (1990): *Metasprache und Psychotherapie*, Paderborn: Junfermann.

Bernstein, D. und Borkovec, T. (1990): *Entspannungstraining, Handbuch der progressiven Muskelrelaxation*, München: Pfeiffer.

Bongartz, W. und Bongartz, B. (1998): *Hypnosetherapie*, Göttingen: Hogrefe.

Brechtel, H. (1977): *Muskuläres Tiefentraining (MTT)*, Sonderdruck für tpm.

Echelmeier, L. und Zimmer, D. (1977): *Intensiv- Entspannungstraining (auf Jacobsen- Basis)*, Tübingen: dgvt.

Geissner, E. und Junkitsch, G. Hrsg. (1992): *Psychologie des Schmerzes*, Weinheim: Psychologie Verlags Union.

Gheorghiu, V. A. (1995): *Vorbereitungs-, Initiierungs-, Induktions- und Abschlußrituale in Entspannungsseminaren*, Hypnose und Kognition, Band 12.

Grinder, J. und Bandler, R. (1984): *Therapie in Trance*, Stuttgart, Klett - Cotta.

Gröninger, S. und Stade- Gröninger, J. (1996): *Progressive Relaxation*, München: Pfeiffer.

Jakobsen, E. (1934): *You must relax*, New York: Mc. Graw - Hill Publishing Company.

Köhler, H: (1982): *Psychologische Schmerzbewältigung bei chronischer Polyarthritis. Eine empirische Untersuchung*, Tübingen, Dissertation.

Kossak, H. C. (1993): *Lehrbuch der Hypnose*, Weinheim: Beltz.

Krampen, G. (1991): *Übungseft zum Autogenen Training*, Göttingen: Verlag für Angewandte Psychologie.

Lang, P. J. (1979): A bio-informational theory of emotional imagery, *Psychophysiology, 16*, 495 - 511.

Olschewski, A. (1996): *Progressive Muskelentspannung*, Heidelberg: Haug.

Olschewski, A. (1995): *Atementspannung*, Heidelberg: Haug.

Prochasa, J. O. und DiClemente, C. C. (1992): Stages of change in the modification of problem behaviors In: Hersen, M., Eisler, R. M. und Miller, P. M. (Eds): *Progress in Behavior Modification*, Newbury Park, CA: Sage.

Russel, R. K. und Sipich, J. F. (1973): Cue-controlled relaxation in the treatment of test anxiety, *Journal of Behavior Therapy and Experimental Psychiatry, 4.*

Vaitl, D. und Petermann, F. (1993): *Handbuch der Entspannungsverfahren* Band 1 und 2, Weinheim: Psychologie Verlags Union.
Zimmermann, M. (1990): Psychobiologie von Nozizeption und Schmerz In: Basler, H. D., Franz, C., Kröner- Herwig, B., Rehfisch, P. und Seemann, H. (Hrsg): *Psychologische Schmerztherapie*, Berlin: Springer.

# Psychotherapie

Karin Becker / Rainer Sachse

## Therapeutisches Verstehen

*Effektive Strategien der Informationsverarbeitung bei Therapeuten*
*1998, 209 Seiten, DM 59,– / sFr. 51,–*
*öS 431,– • ISBN 3-8017-1131-5*

Der therapeutische Prozeß stellt hohe Anforderungen an Therapeuten: Therapeuten müssen eine Fülle komplexer Informationen verarbeiten, therapeutische Entscheidungen treffen, Therapieziele definieren, therapeutische Strategien entwickeln und Interventionen realisieren. In diesem Buch werden praxisrelevante Informationsverarbeitungs-Strategien vorgestellt, mit deren Hilfe komplexe Klienteninformationen ökonomisch, gezielt, effizient und möglichst handlungsrelevant verarbeitet werden können.

Klaus Grawe

## Psychologische Therapie

*1998, XX/774 Seiten, gebunden, DM 98,–*
*sFr. 85,– / öS 715,– • ISBN 3-8017-0978-7*

Was sind die wirksamen Faktoren der Psychotherapie? Wie lassen sich Entstehung, Aufrechterhaltung und Veränderung psychischer Störungen erklären? Eine Therapeutin, ein Therapieforscher und ein grundlagenwissenschaftlicher Psychologe diskutieren diese Fragen in drei aufeinander aufbauenden Dialogen und entwickeln auf dieser Grundlage ein Modell für eine psychologisch begründete Therapiepraxis. Klaus Grawe legt mit diesem Buch eine fundierte Theorie der Psychotherapie vor.

**Hogrefe - Verlag**
Rohnsweg 25, 37085 Göttingen • http://www.hogrefe.de

# Klinische Psychologie

Manfred Ruoß

## Psychologie des Schmerzes

*Chronische Schmerzen in kognitionspsychologischer Perspektive*
*1998, 178 Seiten, DM 49,80 / sFr. 44,80*
*öS 364,– • ISBN 3-8017-1178-1*

Das Buch beschäftigt sich mit der Bedeutung von Kognitionen für die Entstehung und Aufrechterhaltung chronischer Schmerzen sowie mit den daraus resultierenden Konsequenzen für die Therapie. Besondere Aufmerksamkeit wird präattentiven, unkontrollierten und unbewußten Vorgängen der Informationsverarbeitung gewidmet. Die Entstehung chronischen Schmerzleidens wird als Ergebnis persönlicher Informationsverarbeitungs- und Erkenntnisprozesse erklärt. Kognitiven Therapieansätzen kommen daher eine besondere Bedeutung zu.

Hermann Faller

## Krankheitsverarbeitung bei Krebskranken

*(Psychosoziale Medizin)*
*1998, 154 Seiten, DM 49,80 / sFr. 44,80*
*öS 364,– • ISBN 3-8017-0828-4*

Was bedeutet es für einen Menschen, von einer lebensbedrohlichen Krankheit betroffen zu sein? Wie stellen sich Menschen darauf ein, mit einer Krebskrankheit zu leben? Wie können Angehörige, Ärzte und Pflegekräfte sie bei der Krankheitsverarbeitung unterstützen? Mit diesen Fragen beschäftigt sich das vorliegende Buch. Sein Ziel ist es, die Situation Krebskranker zu beschreiben, wie sie sich in praktischen Erfahrungen mit Betroffenen, aber auch in der systematischen Forschung darstellt.

**Hogrefe - Verlag**
Rohnsweg 25, 37085 Göttingen • http://www.hogrefe.de

# Buchtips

Walter Bongartz / Bärbel Bongartz
**Hypnosetherapie**
*1998, 336 Seiten, DM 69,– / sFr. 60,– / öS 504,–*
*ISBN 3-8017-0826-8*

Das Buch vermittelt anhand vieler Beispiele, praktischer Hinweise und Übungen die Arbeitsweise der modernen Hypnosetherapie. Detailliert wird eine Vielzahl direkter wie indirekter Hypnoseinduktionen und hypnosetherapeutischer Interventionsformen beschrieben. Die Autoren verdeutlichen mittels zahlreicher Fallbeispiele und Therapieentwürfe den Aufbau von Hypnosetherapien und die Funktion der einzelnen Komponenten im Therapieverlauf. Therapeuten finden für jede Phase der Therapie viele Anregungen und Therapievorschläge.

Günter Krampen
**Einführungskurse zum Autogenen Training**
*Ein Lehr- und Übungsbuch für die psychosoziale Praxis*
*2., neu ausgestattete Auflage 1998, 278 Seiten, DM 59,– / sFr. 51,– / öS 431,–*
*ISBN 3-8017-1078-5*

Autogenes Training (AT) findet im Bereich der psychologischen Intervention eine immer breitere Anwendung. Im ersten Teil des Buches beschreibt der Autor die methodischen und theoretischen Grundlagen sowie die Effekte des AT. Weiterhin beschäftigt sich dieser Abschnitt z.B. mit dem Erlernen des AT und dabei auftretenden Lernschwierigkeiten. Der zweite Teil schildert die konkrete Vorgehensweise bei der Gestaltung von Einführungskursen. So wird z. B. beschrieben, wie Kurse für ambulante und stationäre Anwendungsbereiche organisiert und durchgeführt werden können.

**Hogrefe - Verlag**
Rohnsweg 25, 37085 Göttingen • http://www.hogrefe.de



# Therapeutische Praxis

Johannes Klein-Heßling / Arnold Lohaus
**Bleib locker**
*Ein Streßpräventionstraining für Kinder im Grundschulalter (Therapeutische Praxis)*
*1998, 102 Seiten, Großformat, DM 49,80 sFr. 44,80/öS 364,– • ISBN 3-8017-1101-3*
*Kassette, 1998, DM 29,80/sFr. 26,80 öS 218,– • ISBN 3-8017-1183-8*

Schon im Grundschulalter leiden viele Kinder unter Streßsymptomen wie Nervosität, Unkonzentriertheit, Bauch- und Kopfschmerzen oder Schlafschwierigkeiten. Mit Hilfe des vorliegenden Streßpräventionstrainings können Kinder auf spielerische Weise lernen, akute und zukünftige Belastungen wahrzunehmen und angemessen auf sie zu reagieren. Zu diesem Buch ist außerdem eine Kassette mit Entspannungsübungen erhältlich.

Sigrun Schmidt-Traub
**Panikstörung und Agoraphobie**
*Kurzzeitbehandlung in kombinierter Gruppen- und Einzeltherapie (Therapeutische Praxis)*
*1997, 181 Seiten, DM 44,80/sFr. 40,30/öS 327,–*
*ISBN 3-8017-1061-0*

In diesem Buch wird ein therapeutischer Leitfaden für eine Kurzzeit-Behandlung von Angstpatienten vorgestellt. Das verhaltenstherapeutische Vorgehen beinhaltet konfrontative und edukative sowie andere kognitive Maßnahmen. Entspannungstrainings, die Schulung der Fertigkeiten in Kommunikation und Streßmanagement, die motivierende Kraft der Gruppe und das Lernen am sozialen Modell sind weitere Elemente des Angstbehandlungsprogramms. Neben ausführlichen Hinweisen für den Therapeuten enthält das Buch zahlreiche, leicht verständliche Informationsmaterialien für Patienten.

**Hogrefe - Verlag**
Rohnsweg 25, 37085 Göttingen • http://www.hogrefe.de